지성인을 위한 교양한자

지성인을 위한 교양한자

초판 1쇄 인쇄 2022년 8월 12일

초판 1쇄 발행 2022년 8월 22일

지은이 김하윤

펴낸곳 인문과교양

주소 (02001) 서울시 중랑구 중랑천로 358-6

전화 02-3144-3740

팩스 031-655-3740

ISBN 979-11-85939-92-6 (03700)

지성인을 위한 교양한자

김하윤 지음

SINCE 2013
인문과교양

머리말

우리의 사상과 감정을 한자라는 기호 체계로 사용한 지도 오랜 시간이 지났다. 오랫동안 우리 민족의 사상과 감정을 대변한 문자임에도 불구하고 현대 한자와 한문을 바라보는 체감 온도는 점점 낮아지고 있는 실정이다. 전공 학과를 비롯해서 교양으로서의 한자와 한문도 점점 설 자리를 잃어 가고 있는 느낌이다.

우리말을 좀 더 잘 이해하기 위해서는 한자의 습득이 필수적이다. 우리말의 70% 이상이 한자어로 이루어졌다는 것, 한자와 한자어를 통해서 우리말에 대한 이해력과 사고력이 높아진다는 것은 오래전부터 증명되어 온 주지의 사실이다. 앞으로도 한국어를 모국어로 사용하고자 한다면 기본적인 한자와 한문에 대한 이해는 필수불가결한 사항이다. 한자 학습을 통해 우리 선조들의 슬기로운 지혜와 정신적·도덕적 가치들을 이해하고, 동아시아 한자문화권에 필요한 인재가 되었으면 하는 기획의 목적도 있다는 것을 밝힌다.

이 책은 이러한 현실에 조금이나마 부합하고자 대학 현장에서 필요한 한자와 한문을 교육하기 위한 차원에서 만들어졌다. 지성인, 교양인으로서 필요한 한자와 한자어, 기초 한문들을 모아서 책을 구성하였다. 제1부는 한자에 대한 기본적인 이해, 제2부는 기초 한자어와 상식 한자어 등, 제3부는 쉽고 간단한 한문 단문 문장부터 고사성어와 인성 관련 문장, 명문장 등을 수록하였다. 또한 교재 중간에 총 3회에 걸쳐서 공무원시험 기출문제를 수록하여 취업준비생들의 보조자료가 되고

자 하였고, 부록으로 사자성어 쓰기 연습을 해 보도록 하였다.

항상 부족한 책을 멋지게 만들어 주시는 인문과교양 박성원 대표님과 편집진 여러분에게는 늘 감사한 마음이다. 특히 책의 품격을 높이기 위해 좋은 작품들을 기꺼이 허락해 주신 국전 초대작가 덕산(德山) 김윤식(金允植) 선생님께도 감사의 말씀을 전한다.

2022년 8월 어느 날
근근재(勤謹齋)에서
우계 김하윤 拜

목차

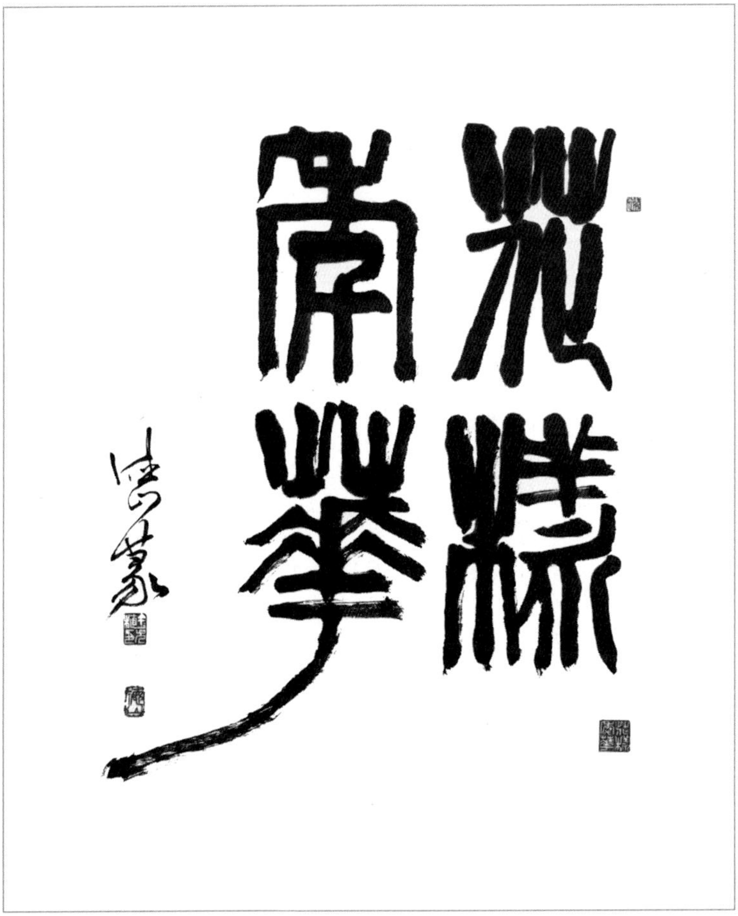

화양연화(花樣年華)
61×73cm

제
1
부

教養
漢字

한자의 이해

제1장

한자의 기원과 특성

1. 한자의 기원

한자는 기원전 3000년경에 고대 중국에서 처음 만들어져서 한국, 일본, 베트남 등 동아시아의 여러 지역에 전파되었고, 현재까지도 오랜 세월을 거치면서 生成(생성)·消滅(소멸)·變化(변화)·發展(발전)해 오고 있다. 한나라 때의 문자이기에 '漢字(한자)'라고 부르고, 한자들이 모인 것을 '漢文(한문)'이라고 한다.

한자는 表音文字(표음문자)인 한글과 달리, 하나의 글자가 일정한 뜻을 지니는 대표적인 表意文字(표의문자)이다. 오늘날까지 남아 있는 최고의 한자는 殷代(은대) 遺墟(유허)에서 발견된 甲骨文(갑골문)이다. 이는 거북의 등딱지와 짐승의 뼈에 새긴 象形文字(상형문자)로, 15세기경에 발견되었다.

『韓非子(한비자)』와 『呂氏春秋(여씨춘추)』에 의하면, 倉詰(창힐)이 사람이나 새, 짐승의 발자국을 보고 한자를 최초로 만들었다고 한다. 그러나 창힐에 대해서는 중국 고대 전설상의 임금인 皇帝(황제)를 말한다고도 하고, 황제의 史官(사관), 또는 전설상의 인물이라고도 하는 등 구체적인 실체를 알 수는 없다. 현재 알려진 한자의 수는 대략 5만 자에 이르고, 우리가 실제로 사용하는 글자 수는 약 5천 자에서 1만 자 정도라고 한다.

2. 한자의 특성

- 造語力(조어력)이 뛰어난 문자이다.
- 造形美(조형미)와 藝術性(예술성)을 겸비한 문자이다.
- 그림 글자이기 때문에 視覺性(시각성)이 뛰어난 문자이다.
- 글자 하나하나가 뜻을 가지고 있는 表意文字(표의문자)이다.
- 여러 가지 뜻과 소리를 가질 수 있는 多義文字(다의문자)이다.

3. 한자의 변천 과정

甲骨文(갑골문)	중국 은나라 때 祭祀(제사)나 征伐(정벌), 농사와 같은 일을 할 때 점을 쳐서 신의 뜻을 묻기 위해 거북의 배딱지나 짐승의 뼈에 새긴 가장 오래된 초기 상형문자이다.
金文(금문)	青銅(청동)으로 만든 종이나 솥과 같은 그릇에 새겨 넣은 문자이다.
篆書(전서)	秦(진)나라의 글자를 大篆(대전)이라고 하고, 秦始皇(진시황)의 통일 후 한자의 모양을 통일한 것을 小篆(소전)이라고 하는데, 일반적으로 말하는 전서는 소전을 의미한다.
隷書(예서)	소전의 번잡함을 줄이고 간략하게 해서 만든 직사각형의 문자이다.
楷書(해서)	예서에서 발전한 서체로, 모양이 단정하고 법도에 맞게 쓴 정자체의 문자이다.

서체의 변천 과정

갑골문	금문	전서	예서	해서

4. 한자의 3요소

한자는 하나의 글자가 形(모양), 音(소리), 義(뜻)의 세 가지 요소를 반드시 갖추어야만 하는데, 이를 한자의 3要素라 한다. 이러한 한자들은 낱글자마다 모두 다른 뜻을 가지고 있기 때문에 표음문자보다 의미 전달이 용이하다.

그림	모양	음	뜻
	山	산	뫼

한자는 위 세 가지 요소를 모두 갖추어야 온전한 글자를 이룰 수 있으며, 이 중에서 한 가지만 없어도 성립이 不可能한 글자이다.

5. 한자의 필순

한자를 이루는 점이나 선을 劃(획)이라 하고, 이를 쓰는 순서를 筆順(필순)이라고 한다. 일반적으로 한자를 쓰는 순서는 다음과 같다.

- 위에서 아래로 쓴다.
- 왼쪽에서 오른쪽으로 쓴다.
- 받침은 가장 나중에 쓴다.
- 오른쪽 위의 점은 가장 나중에 쓴다.
- 좌우가 대칭일 때는 가운데를 먼저 쓴다.
- 삐침과 파임이 어울릴 때는 삐침을 먼저 쓴다.
- 안쪽과 바깥쪽이 있을 때는 안쪽을 먼저 쓴다.
- 글자 전체를 꿰뚫는 세로획은 가장 나중에 쓴다.
- 가로획과 세로획이 서로 교차할 경우 가로획을 먼저 쓴다.

제2장

한자의 제자 원리

1. 육서법의 이해

한자가 만들어진 여섯 가지 구성 원리를 六書法(육서법), 또는 造字法(조자법)이라고 하는데, 漢代(한대)의 許愼(허신)이 『說文解字(설문해자)』에서 定義(정의)하였다. 이 중에서 象形(상형), 指事(지사), 會意(회의), 形成(형성)은 한자를 만드는 造字(조자)의 원리이고, 轉注(전주), 假借(가차)는 이미 만들어진 글자를 가지고 사용하는 運用(운용)의 원리에 해당한다.

2. 육서법의 종류

1) 상형

상형은 모양[形]을 본뜬[象] 글자이다. 물건의 그 特徵(특징)을 잘 드러낼 수 있는 시점에서 간략하게 본떠서 만들었다. '人(인)'은 사람의 옆모습을 그린 것이요, '大(대)'는 사람을 정면에서 본 것이며, '田(전)'은 밭이랑이 가로세로로 통한 것을 위에서 보고 그린 것이다. 또 '魚(어)'는 세워 놓은 물고기를, '門(문)'은 좌우 문짝을 닫은 모양을 그린 것이이다. 상형자는 전체 한자의 약 2.5% 정도이다.

예 日(일), 月(월), 水(수), 木(목), 火(화) 등

2) 지사

지사는 사물의 성질[事]을 가리키는[指] 글자이다. 본뜰 수 있는 형체가 없는 사물의 성질을 일정한 符號(부호)로 지시하는 방법이다. 수사와 같은 추상적인 개념은 상형으로 그리기가 곤란하므로, '一(일), 二(이), 三(삼), 十(십)'과 같은 일정한 기호를 만들어 뜻을 나타냈다. 지사는 구체적인 물건의 모양을 본뜬 상형 부호가 많이 사용되었으나, 이는 그 물건의 모양을 매개로 그와는 다른 어떤 사물의 성질을 나타내려는 상징적인 道具(도구)에 불과하다. 여기에 속하는 한자는 전체의 약 0.5% 이하이다.

예 上(상), 下(하), 本(본), 末(말) 등

3) 회의

회의는 뜻[意]을 모아서[會] 만든 글자이다. 이미 만들어진 글자를 합치되 먼저의 뜻을 살려 새 뜻을 나타낸 것이다. 구조 원리에 따라 異體會意(이체회의)와 同體會意(동체회의)로 兩分(양분)되며, 전체 한자의 약 3%에 해당한다.

- 이체회의: 서로 다른 두 개 이상의 문자를 결합한 것이다.
  예 旦(단)은 一(지평선) 위의 日(일), 즉 일출을 나타내며 '아침'을 뜻함

- 동체회의: 동일한 글자를 두 개 이상 결합한 것이다.
  예 炎(염), 竝(병), 昌(창), 晶(정), 林(림) 등

4) 형성

형성은 이미 만들어진 글자를 結合(결합)하여 새로운 글자를 만드는 방법으로, 한자의 일부분은 뜻을 나타내고, 다른 일부분은 소리를 나타내는 글자이다. 전체 한자의 80% 이상을 차지하며, 대부분의 한자가 형성자라는 점은 우리가 한자를 손쉽게 音讀(음독)할 수 있는 이유 중 하나이다.

예 財(재), 晴(청), 賀(하), 雲(운), 露(로) 등

5) 전주

전주는 이미 만들어진 글자를 가지고, 거기에 새로운 뜻을 賦與(부여)하여 다른 뜻으로 굴리고[轉] 끌어와서[注] 사용하는 문자이다.

예 樂(풍류 樂(악), 즐거울 樂(락), 좋아할 樂(요)), 惡(악할 惡(악), 미워할 惡(오)) 등

6) 가차

가차는 이미 만들어진 글자의 뜻에 상관없이 음이나 모양만을 잠시[假] 빌려서[借] 사용하는 글자로, 주로 외래어를 표기할 때 사용한다.

예 亞細亞(아세아)(Asia), 佛蘭西(불란서)(France), 羅馬(라마)(Rome) 등

제3장

한자의 부수

1. 부수의 이해

한자의 정확한 個數(개수)를 알 수는 없으나 5만 자 이상이라는 것이 일반적인 學說(학설)이라고 할 때, 이 모든 한자는 공통된 형태의 한자들로 分類(분류)하여 나눌 수가 있다. 이와 같이 한자의 字劃(자획)을 공통으로 분류하여 나눈 것을 部首(부수)라고 한다. 부수는 1획부터 17획에 이르기까지 모두 214개의 형태로 이루어져 있는데, 이는 한자의 핵심이자 原則(원칙)이 되는 중요한 요소이다.

2. 부수의 명칭

부수 중 그 자체의 形態(형태)를 그대로 유지하고 있는 것을 제부수라고 한다. 부수는 원형에서 변형된 형태로 바뀌어서 많이 사용되기도 한다. 또한 그것이 위치한 자리에 따라서 다른 명칭으로 불리기도 한다.

위치	명칭	내용
변	변(邊)	글자의 왼쪽 부분을 이룬 것 예 亻: 修, 價, 供, 伐 등
방	방(傍)	글자의 오른쪽 부분을 이룬 것 예 阝: 邦, 部, 鄕, 郊 등
머리	머리(頭)	글자의 윗부분을 이룬 것 예 宀: 寒, 實, 宮, 容 등
발	발(脚)	글자의 아래쪽을 이룬 것 예 灬: 無, 熱, 燕, 熟 등
엄	엄(广)	글자의 위에서 왼쪽으로 걸쳐 있는 것 예 广: 序, 庾, 庫, 庚 등
받침	받침	글자의 왼쪽에서 아래쪽으로 걸쳐 있는 것 예 廴: 廷, 建, 延, 廻 등
몸	몸	글자의 바깥 둘레를 에워싼 것 예 凵: 凶, 函, 凸, 凹 등
제부수	제부수	글자 전체가 그대로 부수인 것 예 山, 牛, 日 등

3. 부수의 변형

부수는 그 자체가 獨立(독립)되어 사용되는 경우보다 글자의 일부로 쓰이는 경우가 많다. 따라서 원형에서 변화된 형태로 많이 使用(사용)된다. 예를 들어, '믿을 信(신)'의 부수인 '亻'은 '人'의 변형이다. 다음은 변형된 부수들의 예들로, 반드시 알아 두어야 字典(자전)을 활용하는 데 도움이 된다.

원형	훈음	변형	예시
川	내 천	巛	巡, 巢
人	사람 인	亻	傍, 信, 偶, 側
邑	고을 읍	阝	邦, 都, 郡, 郊
心	마음 심	忄	悟, 性, 恤, 悅
示	보일 시	礻	視, 禮, 神, 祐
肉	고기 육	月	胃, 脚, 腸, 胸
火	불 화	灬	無, 熱, 烏, 烹
犬	개 견	犭	狗, 猛, 獨, 獲
老	늙을 로	耂	考, 者, 耄, 耆
网	그물 망	罒	罪, 羅
阜	언덕 부	阝	陳, 陣, 降, 陸
手	손 수	扌	投, 技, 捨, 掃
爪	손톱 조	爫	爭, 爲, 爰, 爵
刀	칼 도	刂	別, 到, 判
艸	풀 초	艹	花, 落, 苦, 茄
玉	구슬 옥	王	理, 珍, 瑞, 現
衣	옷 의	衤	裏, 被, 裳, 補
辵	쉬엄쉬엄 갈 착	辶	通, 遠, 達

4. 부수 일람표

1획(6자)					
一	한 일	丨	뚫을 곤	丶	점 주
丿	삐침 별	乙	새 을	亅	갈고리 궐
2획(23자)					
二	두 이	亠	자의 미상 두	人(亻)	사람 인
儿	어진 사람 인	入	들 입	八	여덟 팔
冂	멀 경	冖	덮을 멱	冫	얼음 빙
几	안석 궤	凵	입 벌릴 감	刀(刂)	칼 도
力	힘 력	勹	쌀 포	匕	비수 비
匚	상자 방	匸	감출 혜	十	열 십
卜	점 복	卩	병부 절	厂	언덕 한
厶	사사 사	又	또 우		
3획(31자)					
口	입 구	囗	에울 위	土	흙 토
士	선비 사	夂	뒤져서 올 치	夊	천천히 걸을 쇠
夕	저녁 석	大	큰 대	女	여자 녀
子	아들 자	宀	집 면	寸	마디 촌
小	작을 소	尢	절름발이 왕	尸	주검 시
屮	왼손 좌	山	뫼 산	川(巛)	내 천
工	장인 공	己	몸 기	巾	수건 건
干	방패 간	幺	작을 요	广	집 엄
廴	길게 걸을 인	廾	받쳐들 공	弋	주살 익

弓	활 궁	彐	돼지머리 계	彡	터럭 삼
彳	조금 걸을 척				
4획(34자)					
心(忄)	마음 심	戈	창 과	戶	지게 호
手(扌)	손 수	支	지탱할 지	攴(攵)	칠 복
文	글월 문	斗	말 두	斤	도끼 근
方	모 방	无	없을 무	日	날 일
曰	가로 왈	月	달 월	木	나무 목
欠	하품 흠	止	그칠 지	歹	부서진 뼈 알
殳	창 수	毋	말 무	比	견줄 비
毛	터럭 모	氏	성씨 씨	气	기운 기
水	물 수	火	불 화	爪(爫)	손톱 조
父	아비 부	爻	점괘 효	爿	널조각 장
片	조각 편	牙	어금니 아	牛(牜)	소 우
犬(犭)	개 견				
5획(23자)					
玄	검을 현	玉(王)	구슬 옥	瓜	오이 과
瓦	기와 와	甘	달 감	生	날 생
用	쓸 용	田	밭 전	疋	필 필
疒	병들어 누울 녁	癶	등질 발	白	흰 백
皮	가죽 피	皿	그릇 명	目	눈 목
矛	창 모	矢	화살 시	石	돌 석
示(礻)	보일 시	禸	발자국 유	禾	벼 화
穴	구멍 혈	立	설 립		

6획(29자)					
竹	대나무 죽	米	쌀 미	糸(糹)	가는 실 사
缶	장군 부	网(罒)	그물 망	羊	양 양
羽	깃 우	老(耂)	늙을 로	而	말 이을 이
耒	쟁기 뢰	耳	귀 이	聿	붓 율
肉	고기 육	臣	신하 신	自	스스로 자
至	이를 지	臼	절구 구	舌	혀 설
舛	어그러질 천	舟	배 주	艮	어긋날 간
色	빛 색	艸(艹)	풀 초	虍	범 호
虫	벌레 충	血	피 혈	行	다닐 행
衣(衤)	옷 의	襾(覀)	덮을 아		
7획(20자)					
見	볼 견	角	뿔 각	言	말씀 언
谷	골 곡	豆	콩 두	豕	돼지 시
豸	발 없는 벌레 치	貝	조개 패	赤	붉을 적
走	달릴 주	足	발 족	身	몸 신
車	수레 거	辛	매울 신	辰	별 진
辵(辶)	쉬엄쉬엄 갈 착	阝(邑)	고을 읍	酉	닭 유
釆	분변할 변	里	마을 리		
8획(9자)					
金	쇠 금	長	길 장	門	문 문
阝(阜)	언덕 부	隶	미칠 이	隹	새 추
雨	비 우	青	푸를 청	非	아닐 비

9획(11자)					
面	낯 면	革	가죽 혁	韋	가죽 위
韭	부추 구	音	소리 음	頁	머리 혈
風	바람 풍	飛	날 비	食	먹을 식
首	머리 수	香	향기 향		
10획(8자)					
馬	말 마	骨	뼈 골	高	높을 고
髟	터럭 발	鬥	싸울 투	鬯	울창주 창
鬲	막을 격	鬼	귀신 귀		
11획(6자)					
魚	고기 어	鳥	새 조	鹵	소금 로
鹿	사슴 록	麥	보리 맥	麻	삼 마
12획(4자)					
黃	누를 황	黍	기장 서	黑	검을 흑
黹	바느질할 치				
13획(4자)					
黽	힘쓸 민	鼎	솥 정	鼓	북 고
鼠	쥐 서				
14획(2자)					
鼻	코 비	齊	가지런할 제		
15획(1자)					
齒	이 치				
16획(2자)					
龍	용 룡	龜	거북 구		
17획(1자)					
龠	피리 약				

제4장

한자의 정서법

1. 정서법의 이해

한자를 잘 쓰기 위한 正書法(정서법)은 일단 한글과 外形(외형)부터가 많이 다르다는 것을 알 수 있다. 한글을 잘 쓰기 위해서는 마름모형에 들어가게 써야 하지만, 한자는 그와 다르게 정사각형 안에 들어가는 느낌으로 글씨를 쓰는 것이 좋다. 字形(자형) 자체가 한글은 수직적으로 긴 반면, 한자는 가로와 세로가 대등한 비율로 이루어졌기에 정사각형 안에 들어가게 써야만 하는 것이다. 한자를 다음과 같은 원리로 글씨를 쓴다면 좀 더 바르고 정갈한 글씨를 쓸 수 있다.

2. 바른 자형을 위한 원리

1) 左下右上(좌하우상)의 원칙

한자의 글꼴은 왼쪽보다는 오른쪽이 조금 올라간 형태이다. 그러므로 처음 획을 시작하는 起筆(기필) 부분보다 획을 마무리하는 收筆(수필) 부분이 조금 더 올라간다는 느낌으로 쓰면 되는 것이다.

예 靑(청), 培(배), 球(구), 授(수) 등

2) 邊小體大(변소체대)의 원칙

한자는 邊(변)(또는 傍(방))과 體(체)의 구조로 이루어져 있다. 그러므로 한자를 쓸 때는 변보다는 체를 좀 더 크게 써야 멋있는 한자의 자형을 이룰 수 있다.

예 綠(록), 糠(강), 玟(민), 講(강) 등

제5장

자전 활용법

1. 자전의 이해

字典(자전)은 다른 말로 玉篇(옥편)이라고도 하는데, 한자를 모아 놓은 일종의 工具書(공구서)이다. 자전은 한자를 부수와 획수에 따라서 배열하고, 각 글자마다 뜻과 음을 설명한 辭典(사전)이다. 자전을 활용하여 한자를 찾는 방법은 다음과 같은 세 가지가 있다.

2. 자전을 통해 한자를 찾는 방법

1) 부수+나머지 획수

한자의 부수를 찾고, 부수를 제외한 나머지 획수를 세어서 찾는 방법이다. 한자의 부수를 활용해서 찾는 방법으로 교육적으로 가장 권장할 만한 방법이다.

2) 음 색인

한자의 음을 索引해서 찾는 방법이다. 앞에서 설명한 바와 같이 약 80%의 한자는 그 글자의 일부분이 소리를 나타내는 형성자로 이루어졌기 때문에, 容易한 방법 중 하나이다.

3) 총획 색인

한자의 부수와 음을 모를 때는 총획수를 이용하여 찾는다. 이는 자전에 수록된 한자 수가 많고, 총획의 정확한 획수를 세는 것도 쉽지가 않아서 가장 힘든 방법이기도 하다.

풀내음
1.2×3.1×5.0cm

기출문제

1. 보기와 같은 원리를 가진 한자는? [초등임용]

日 + 月 = 明

① 江 ② 仙 ③ 本 ④ 銅

2. 指事字로 구성된 한자어는? [중등임용]

① 上下 ② 日月 ③ 江河 ④ 位相

3. 다음 중 '冀'를 옥편에서 찾을 때 부수는? [서울시 9급]

① 八 ② 北 ③ 異 ④ 七 ⑤ 共

4. 글자 자체가 부수인 한자는? [초등임용]

① 安 ② 花 ③ 穴 ④ 答

5. 보기의 한자를 옥편에서 찾을 때 해당하는 部首는? [초등임용]

權

① 口 ② 艹 ③ 木 ④ 隹

6. 鼻(비)를 자전에서 찾을 때 맞는 부수는? [중등임용]

① 自 ② 田 ③ 弄 ④ 鼻

7. 다음 중 한자의 육서가 아닌 것은? [통신공사]

① 상형(象形) ② 지사(指事)

③ 사부(辭賦) ④ 회의(會意)

8. 부수의 원형이 드러난 글자는? [총무처 9급 행정]

① 有 ② 然 ③ 技 ④ 進 ⑤ 情

9. 다음 한자를 부수 색인을 이용하여 찾으려 한다. 부수와 획수가 바르지 못한 것은?

[국회사무처 9급 행정]

① 苦 - 口 - 6 ② 統 - 糸 - 6 ③ 風 - 風 - 0

④ 題 - 頁 - 9 ⑤ 客 - 宀 - 6

10. 자전에서 '請' 자를 찾고자 한다. 가능한 방법을 보기에서 모두 고르면? [중등임용]

(가) '言'部에서 찾는다.
(나) 총획수가 15획인 한자들 중에서 찾는다.
(다) 자음 색인이 '청'인 한자들 중에서 찾는다.

① (가) ② (가), (나)

③ (나), (다) ④ (가), (나), (다)

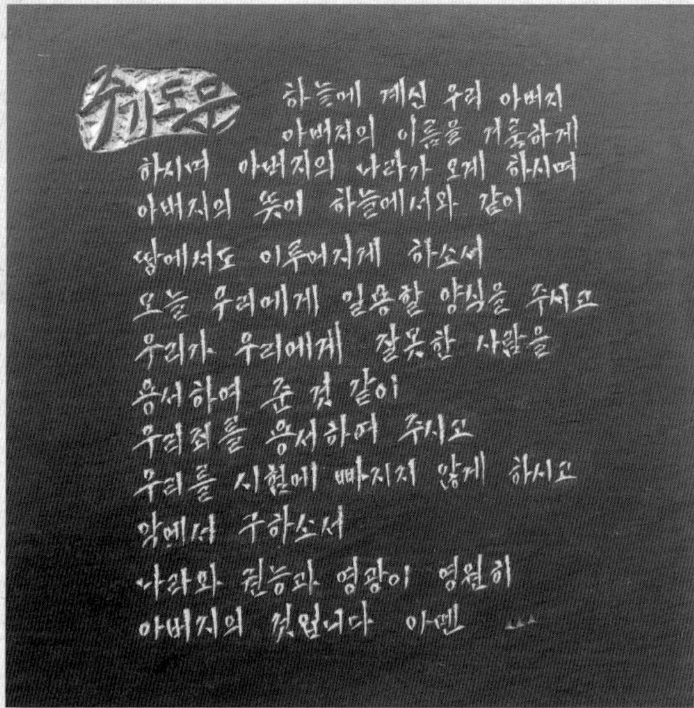
주기도문
하늘에 계신 우리 아버지
아버지의 이름을 거룩하게
하시며 아버지의 나라가 오게 하시며
아버지의 뜻이 하늘에서와 같이
땅에서도 이루어지게 하소서
오늘 우리에게 일용할 양식을 주시고
우리가 우리에게 잘못한 사람을
용서하여 준 것 같이
우리죄를 용서하여 주시고
우리를 시험에 빠지지 않게 하시고
악에서 구하소서
나라와 권능과 영광이 영원히
아버지의 것입니다 아멘

주기도문
30×30cm

제 2 부

敎養漢字

한자어의 이해

제1장

기초 한자어

1. 8급용 한자(50자)

一	一脈 (　　)	一更 (　　)	一刀 (　　)	一介 (　　)	一石二鳥 (　　)
한 일	一부 0획 ① 하나 ② 처음 ③ 모조리				

二	二重 (　　)	二世 (　　)	二分 (　　)	二層 (　　)	二律背反 (　　)
두 이	二부 0획 ① 둘 ② 같다 ③ 다음				

三	三思 (　　)	三寸 (　　)	三國 (　　)	三千 (　　)	三旬九食 (　　)
석 삼	一부 2획 ① 셋 ② 세 번 ③ 자주				

四	四方	四苦	四肢	四診	四面楚歌
	(　　)	(　　)	(　　)	(　　)	(　　)
넉 사	口부 2획 ① 넷 ② 네 번 ③ 사방				

五	五色	五味	五律	五常	五里霧中
	(　　)	(　　)	(　　)	(　　)	(　　)
다섯 오	二부 2획 ① 다섯 ② 다섯째 ③ 다섯 번				

六	六朝	六房	六界	六塵	六頭馬車
	(　　)	(　　)	(　　)	(　　)	(　　)
여섯 륙	八부 2획 ① 여섯 ② 여섯 번				

七	七旬	七珍	七祀	七寶	七顚八起
	(　　)	(　　)	(　　)	(　　)	(　　)
일곱 칠	一부 1획 ① 일곱 ② 일곱 번				

八	八道	八角	八相	八旗	八方美人
	(　　)	(　　)	(　　)	(　　)	(　　)
여덟 팔	八부 0획 ① 여덟 ② 여덟 번 ③ 나누다				

九	九泉	九天	九丹	九經	九折羊腸
	(　　)	(　　)	(　　)	(　　)	(　　)
아홉 구	乙부 1획 ① 아홉 ② 아홉 번 ③ 모으다				

十	十戒	十界	十道	十分	聞一知十
	(　　)	(　　)	(　　)	(　　)	(　　)
열 십	十부 0획 ① 열 ② 열 번 ③ 전부				

父	父性	父親	父系	祖父	父子有親
	(　　)	(　　)	(　　)	(　　)	(　　)
아비 부	父부 0획 ① 아버지 ② 남자의 미칭(美稱)				

母	母國	母胎	母校	母體	孟母三遷
	(　　)	(　　)	(　　)	(　　)	(　　)
어미 모	毋부 1획 ① 어미 ② 암컷 ③ 근원				

兄	兄夫	學兄	雅兄	妹兄	難兄難弟
	(　　)	(　　)	(　　)	(　　)	(　　)
맏 형	儿부 3획 ① 맏이 ② 하물며 ③ 두려워하다				

弟	弟子	妻弟	師弟	妹弟	兄弟姉妹
	(　　)	(　　)	(　　)	(　　)	(　　)
아우 제	弓부 4획 ① 아우 ② 공손하다 ③ 차례				

東	東洋	東部	東學	極東	東問西答
	(　　)	(　　)	(　　)	(　　)	(　　)
동녘 동	木부 4획 ① 동쪽 ② 동쪽으로 가다 ③ 주인				

西	西洋	西紀	西方	西海	東西古今
	(　　)	(　　)	(　　)	(　　)	(　　)
서녘 서	襾부 0획 ① 서녘 ② 서쪽으로 가다 ③ 깃들다				

南	南韓	南側	南道	南面	白骨南行
	(　　)	(　　)	(　　)	(　　)	(　　)
남녘 남	十부 7획 ① 남녘 ② 남으로 향하다 ③ 임금				

北	北伐	對北	訪北	敗北	北斗七星
	(　　)	(　　)	(　　)	(　　)	(　　)
북녘 북 달아날 배	匕부 3획 ① 북녘 ② 달아나다 ③ 배반하다				

大	大略	大要	大概	大形	大同小異
	(　　)	(　　)	(　　)	(　　)	(　　)
큰 대	大부 0획 ① 크다 ② 많다 ③ 고귀하다				

中	中央	中級	集中	途中	十中八九
	(　　)	(　　)	(　　)	(　　)	(　　)
가운데 중	丨부 3획 ① 가운데 ② 마음 ③ 맞다				

小	小論	小數	小說	小雪	小貪大失
	(　　)	(　　)	(　　)	(　　)	(　　)
작을 소	小부 0획 ① 작다 ② 적다 ③ 짧다				

日	日氣	日沒	日盡	日刊	日就月將
	(　　)	(　　)	(　　)	(　　)	(　　)
날 일	日부 0획 ① 해 ② 햇볕 ③ 날의 길이				

月	月刊	月末	月給	每月	看雲步月
	(　　)	(　　)	(　　)	(　　)	(　　)
달 월	月부 0획 ① 달 ② 달빛 ③ 세월				

火	火氣	火器	火傷	火災	風前燈火
	(　　)	(　　)	(　　)	(　　)	(　　)
불 화	火부 0획 ① 불 ② 오행의 하나 ③ 타다				

水	水準	水泳	水質	水害	水魚之交
	( )	( )	( )	( )	( )
물 수	水부 0획 ① 물 ② 오행의 하나 ③ 평평하게 하다				

木	木材	木手	木造	木花	勸上搖木
	( )	( )	( )	( )	( )
나무 목	木부 0획 ① 나무 ② 오행의 하나				

金	金錢	黃金	金利	金氏	一攫千金
	( )	( )	( )	( )	( )
쇠 금 성 김	金부 0획 ① 쇠 ② 오행의 하나 ③ 단단하다				

土	土地	土壤	土器	風土	身土不二
	( )	( )	( )	( )	( )
흙 토	土부 0획 ① 흙 ② 오행의 하나 ③ 뿌리				

青	青年	青銅	青龍	丹青	青出於藍
	( )	( )	( )	( )	( )
푸를 청	青부 0획 ① 푸르다 ② 푸른 흙 ③ 젊음				

白	白馬	白紙	白髮	獨白	白面書生
	( )	( )	( )	( )	( )
흰 백	白부 0획 ① 희다 ② 작위 ③ 말하다				

學	學校	學問	學習	學者	學而時習
	( )	( )	( )	( )	( )
배울 학	子부 13획 ① 배우다 ② 학문 ③ 학생				

校	校長	校庭	校書	校監	校策科目
	( )	( )	( )	( )	( )
학교 교	木부 6획 ① 학교 ② 생각하다 ③ 달리다				

教	教育	教授	教師	佛教	教學相長
	( )	( )	( )	( )	( )
가르칠 교	攵부 7획 ① 가르치다 ② 교훈 ③ 학교				

室	室長	室溫	居室	客室	巨室世族
	( )	( )	( )	( )	( )
집 실	宀부 6획 ① 집 ② 방 ③ 거처				

先	先輩	先頭	先進	先發	先公後私
	( )	( )	( )	( )	( )
먼저 선	儿부 4획 ① 먼저 ② 앞서다 ③ 우선				

生	生活	生命	生產	生涯	生面不知
	( )	( )	( )	( )	( )
날 생	生부 0획 ① 나다 ② 낳다 ③ 살다				

韓	韓國	韓藥	駐韓	韓服	大韓每日
	( )	( )	( )	( )	( )
나라 한	韋부 8획 ① 나라 이름 ② 우물 귀틀 ③ 삼한				

國	國家	國際	國會	國境	萬里他國
	( )	( )	( )	( )	( )
나라 국	囗부 8획 ① 나라 ② 도읍 ③ 고향				

軍	軍隊 ( )	軍部 ( )	軍事 ( )	陸軍 ( )	陸海空軍 ( )
군사 군	車부 2획 ① 군사 ② 전투 ③ 진치다				

人	人間 ( )	人物 ( )	人類 ( )	人氣 ( )	人生無常 ( )
사람 인	人부 0획 ① 사람 ② 백성 ③ 남				

王	王朝 ( )	王權 ( )	王位 ( )	王妃 ( )	王侯將相 ( )
임금 왕	玉부 0획 ① 임금 ② 임금 노릇 하다 ③ 가다				

民	民族 ( )	民衆 ( )	民間 ( )	庶民 ( )	民主主義 ( )
백성 민	氏부 1획 ① 백성 ② 어둡다 ③ 어리석다				

女	女息 ( )	仙女 ( )	侍女 ( )	孫女 ( )	甲男乙女 ( )
계집 녀	女부 3획 ① 계집 ② 너 ③ 시집보내다				

年	年式 ( )	年末 ( )	昨年 ( )	今年 ( )	百年大計 ( )
해 년	干부 3획 ① 해 ② 시대 ③ 나이				

萬	萬物 ( )	萬歲 ( )	萬若 ( )	億萬 ( )	落心千萬 ( )
일만 만	艸부 9획 ① 다수 ② 결코 ③ 크다				

門	門中	專門	家門	窓門	門前成市
	(　　)	(　　)	(　　)	(　　)	(　　)
문 문	門부 0획 ① 문 ② 집안 ③ 가문				

山	山脈	山岳	野山	登山	山戰水戰
	(　　)	(　　)	(　　)	(　　)	(　　)
뫼 산	山부 0획 ① 산 ② 산신 ③ 무덤				

外	外國	外交	外部	外務	奇想天外
	(　　)	(　　)	(　　)	(　　)	(　　)
바깥 외	夕부 2획 ① 바깥 ② 남 ③ 처가				

長	長官	長短	長期	總長	一長一短
	(　　)	(　　)	(　　)	(　　)	(　　)
길 장	長부 0획 ① 길다 ② 어른 ③ 멀다				

寸	寸數	寸刻	寸志	寸陰	寸鐵殺人
	(　　)	(　　)	(　　)	(　　)	(　　)
마디 촌	寸부 0획 ① 마디 ② 조금 ③ 마음				

2. 7급용 한자(100자)

家	家族 (　　)	家庭 (　　)	家長 (　　)	家具 (　　)	家家戶戶 (　　)
집 가	宀부 7획 ① 가정 ② 아내 ③ 친척				

歌	歌辭 (　　)	歌謠 (　　)	詩歌 (　　)	軍歌 (　　)	高聲放歌 (　　)
노래 가	欠부 10획 ① 노래 ② 노래하다 ③ 읊다				

間	間或 (　　)	間隔 (　　)	間接 (　　)	空間 (　　)	弘益人間 (　　)
사이 간	門부 4획 ① 틈 ② 사이 ③ 주변				

江	江南 (　　)	江邊 (　　)	江村 (　　)	渡江 (　　)	錦繡江山 (　　)
강 강	氵부 3획 ① 강 ② 물 이름 ③ 별 이름				

車	車線 (　　)	車費 (　　)	車種 (　　)	飛車 (　　)	覆車之戒 (　　)
수레 거 수레 차	車부 0획 ① 수레 ② 수레의 바퀴 ③ 도르래				

工	工夫 (　　)	工場 (　　)	工業 (　　)	施工 (　　)	紡工害事 (　　)
장인 공	工부 0획 ① 장인 ② 교묘하다 ③ 일				

空	空間	空氣	空想	空白	色即是空
	( )	( )	( )	( )	( )
빌 공	穴부 3획 ① 비다 ② 구멍 ③ 곤궁하다				

口	口號	口實	食口	港口	糊口之策
	( )	( )	( )	( )	( )
입 구	口부 0획 ① 입 ② 어귀 ③ 구멍 난 곳				

氣	氣勢	氣溫	景氣	香氣	浩然之氣
	( )	( )	( )	( )	( )
기운 기	气부 6획 ① 기운 ② 호흡 ③ 절기				

記	記者	記憶	記錄	記載	大書特記
	( )	( )	( )	( )	( )
기록할 기	言부 3획 ① 적다 ② 외다 ③ 문서				

旗	旗手	國旗	白旗	軍旗	手旗信號
	( )	( )	( )	( )	( )
깃발 기	方부 10획 ① 기 ② 표지 ③ 덮다				

男	男性	男兒	男妹	男便	善男善女
	( )	( )	( )	( )	( )
사내 남	田부 2획 ① 남자 ② 젊은이 ③ 아들				

內	內容	內面	案內	內人	內憂外患
	( )	( )	( )	( )	( )
안 내 나인 나	入부 2획 ① 안 ② 아내 ③ 들이다				

農	農民 (　　)	農村 (　　)	農耕 (　　)	歸農 (　　)	農不失時 (　　)
농사 농	辰부 6획 ① 농사 ② 농부 ③ 백성				

答	答案 (　　)	答禮 (　　)	答狀 (　　)	對答 (　　)	黙黙不答 (　　)
대답할 답	竹부 6획 ① 대답하다 ② 대답 ③ 맞추다				

道	道路 (　　)	道德 (　　)	道理 (　　)	鐵道 (　　)	江湖歌道 (　　)
길 도	辶부 6획 ① 길 ② 이치 ③ 근원				

冬	冬至 (　　)	冬眠 (　　)	冬季 (　　)	冬服 (　　)	嚴冬雪寒 (　　)
겨울 동	冫부 3획 ① 겨울 ② 월동 ③ 동면하다				

動	動物 (　　)	動作 (　　)	活動 (　　)	運動 (　　)	伏地不動 (　　)
움직일 동	力부 9획 ① 움직이다 ② 변하다 ③ 동물				

同	同時 (　　)	同意 (　　)	同志 (　　)	共同 (　　)	異口同聲 (　　)
한가지 동	口부 3획 ① 한가지 ② 같이하다 ③ 모이다				

洞	洞口 (　　)	洞長 (　　)	洞民 (　　)	洞察 (　　)	相思洞記 (　　)
마을 동 꿰뚫을 통	氵부 6획 ① 골 ② 동굴 ③ 동네				

登	登錄	登場	登記	登用	登高自卑
	(　　)	(　　)	(　　)	(　　)	(　　)
오를 등	癶부 7획 ① 오르다 ② 밟다 ③ 얻다				

來	來往	未來	傳來	由來	說往說來
	(　　)	(　　)	(　　)	(　　)	(　　)
올 래	人부 6획 ① 오다 ② 위로하다 ③ 보리				

力	能力	努力	實力	力說	自力更生
	(　　)	(　　)	(　　)	(　　)	(　　)
힘 력	力부 0획 ① 힘 ② 힘쓰다 ③ 애쓰다				

老	老年	老父	元老	敬老	百年偕老
	(　　)	(　　)	(　　)	(　　)	(　　)
늙을 로	老부 0획 ① 늙다 ② 늙은이 ③ 노련하다				

里	洞里	鄕里	千里	里長	萬里長城
	(　　)	(　　)	(　　)	(　　)	(　　)
마을 리	里부 0획 ① 마을 ② 거리 ③ 주거				

林	林業	密林	儒林	森林	酒池肉林
	(　　)	(　　)	(　　)	(　　)	(　　)
수풀 림	木부 4획 ① 수풀 ② 들 ③ 야외				

立	立場	而立	對立	獨立	國立公園
	(　　)	(　　)	(　　)	(　　)	(　　)
설 립	立부 0획 ① 서다 ② 즉위하다 ③ 자리				

每	每週	每番	每回	每時	每事不成
	( )	( )	( )	( )	( )
매양 매	毋부 3획 ① 항상 ② 마다 ③ 자주				

面	南面	面積	面貌	面談	人面獸心
	( )	( )	( )	( )	( )
얼굴 면	面부 0획 ① 낯 ② 앞 ③ 표면				

名	名稱	實名	別名	假名	有名無實
	( )	( )	( )	( )	( )
이름 명	口부 3획 ① 이름 ② 평판 ③ 유명하다				

命	壽命	運命	革命	知命	命在頃刻
	( )	( )	( )	( )	( )
목숨 명	口부 5획 ① 목숨 ② 운수 ③ 명령				

文	文化	文明	文法	文體	文房四友
	( )	( )	( )	( )	( )
글월 문	文부 0획 ① 문장 ② 책 ③ 학문				

問	問題	問議	問答	訪問	不恥下問
	( )	( )	( )	( )	( )
물을 문	口부 8획 ① 묻다 ② 사람을 찾다				

物	物價	物體	物質	建物	物我一體
	( )	( )	( )	( )	( )
물건 물	牛부 4획 ① 만물 ② 일 ③ 무리				

方	方法 (　　)	方式 (　　)	方針 (　　)	方便 (　　)	四方八方 (　　)
모 방	方부 0획 ① 사방 ② 방위 ③ 방법				

百	百姓 (　　)	百度 (　　)	百官 (　　)	百濟 (　　)	百年河淸 (　　)
일백 백	白부 1획 ① 일백 ② 모든 ③ 힘쓰다				

夫	夫婦 (　　)	工夫 (　　)	農夫 (　　)	漁夫 (　　)	夫唱婦隨 (　　)
지아비 부	大부 1획 ① 지아비 ② 사내 ③ 일꾼				

不	不足 (　　)	不道 (　　)	不當 (　　)	不淨 (　　)	不偏不黨 (　　)
아니 불	一부 3획 ① 아니다 ② 금지 ③ 없다				

事	事件 (　　)	事業 (　　)	事態 (　　)	事故 (　　)	事親以孝 (　　)
일 사	亅부 7획 ① 직업 ② 사물 ③ 섬기다				

算	算數 (　　)	算定 (　　)	計算 (　　)	暗算 (　　)	算用數字 (　　)
셈 산	竹부 8획 ① 셈하다 ② 수효 ③ 계략				

上	上部 (　　)	上流 (　　)	祖上 (　　)	頂上 (　　)	莫上莫下 (　　)
위 상	一부 2획 ① 위 ② 임금 ③ 오르다				

色	色彩	染色	特色	顏色	巧言令色
	(　　)	(　　)	(　　)	(　　)	(　　)
빛 색	色부 0획 ① 빛깔 ② 모양 ③ 종류				

夕	夕陽	夕食	朝夕	秋夕	朝變夕改
	(　　)	(　　)	(　　)	(　　)	(　　)
저녁 석	夕부 0획 ① 저녁 ② 밤 ③ 밤일				

姓	姓名	姓銜	百姓	易姓	二姓之合
	(　　)	(　　)	(　　)	(　　)	(　　)
성씨 성	女부 5획 ① 성 ② 씨족 ③ 아들				

世	世界	世紀	世代	世俗	炎涼世態
	(　　)	(　　)	(　　)	(　　)	(　　)
세상 세	一부 4획 ① 인간 ② 대(代) ③ 시대				

少	少量	少壯	少額	最少	一笑一少
	(　　)	(　　)	(　　)	(　　)	(　　)
적을 소	小부 1획 ① 적다 ② 모자라다 ③ 젊다				

所	所聞	所得	所謂	所望	適材適所
	(　　)	(　　)	(　　)	(　　)	(　　)
바 소	戶부 4획 ① 장소 ② 경우 ③ 도리				

手	手段	手術	手法	歌手	手不釋卷
	(　　)	(　　)	(　　)	(　　)	(　　)
손 수	手부 0획 ① 손 ② 솜씨 ③ 손수				

數	數學	額數	數數	數罟	無量大數
	(　　)	(　　)	(　　)	(　　)	(　　)
셈 수 자주 삭 촘촘할 촉	攵부 11획 ① 계산 ② 운수 ③ 수단				

市	市場	市道	市廳	市販	門前成市
	(　　)	(　　)	(　　)	(　　)	(　　)
저자 시	巾부 2획 ① 시장 ② 거래 ③ 행정구역				

時	時代	時節	時計	當時	年月日時
	(　　)	(　　)	(　　)	(　　)	(　　)
때 시	日부 6획 ① 때 ② 시세 ③ 시간				

食	食卓	食慾	食器	穀食	門前乞食
	(　　)	(　　)	(　　)	(　　)	(　　)
먹을 식 밥 사	食부 0획 ① 음식 ② 먹다 ③ 마시다				

植	植物	植民	移植	植樹	植民地化
	(　　)	(　　)	(　　)	(　　)	(　　)
심을 식	木부 8획 ① 심다 ② 꽂다 ③ 재목				

心	心情	心理	眞心	決心	心心相印
	(　　)	(　　)	(　　)	(　　)	(　　)
마음 심	心부 0획 ① 마음 ② 염통 ③ 가슴				

安	安定	安全	安保	安打	安貧樂道
	( )	( )	( )	( )	( )
편안할 안	宀부 3획 ① 편안하다 ② 편안하게 하다 ③ 즐기다				

語	語調	語頭	語學	語源	語不成說
	( )	( )	( )	( )	( )
말씀 어	言부 7획 ① 말 ② 말하다 ③ 알리다				

然	當然	自然	天然	果然	其然未然
	( )	( )	( )	( )	( )
그러할 연	灬부 8획 ① 그러하다 ② 그렇다고 여기다 ③ 동의하다				

午	午前	午後	端午	上午	甲午改革
	( )	( )	( )	( )	( )
낮 오	十부 2획 ① 낮 ② 일곱째 지지 ③ 거스르다				

右	右側	右派	左右	右腦	右往左往
	( )	( )	( )	( )	( )
오른쪽 우	口부 2획 ① 위 ② 오른쪽으로 가다 ③ 숭상하다				

有	有罪	有線	共有	保有	有備無患
	( )	( )	( )	( )	( )
있을 유	月부 2획 ① 가지다 ② 많다 ③ 보유하다				

育	育兒	體育	敎育	養育	育成會費
	( )	( )	( )	( )	( )
기를 육	月부 4획 ① 자라다 ② 낳다 ③ 맏아들				

邑	邑內	邑長	邑城	都邑	邑各不同
	(　　)	(　　)	(　　)	(　　)	(　　)
고을 읍	邑부 0획 ① 마을 ② 도읍 ③ 행정구역				

入	入住	入院	進入	迎入	四捨五入
	(　　)	(　　)	(　　)	(　　)	(　　)
들 입	入부 0획 ① 들다 ② 들이다 ③ 수입				

子	子正	子孫	電子	利子	梁上君子
	(　　)	(　　)	(　　)	(　　)	(　　)
아들 자	子부 0획 ① 새끼 ② 남자의 미칭 ③ 접미사				

字	字形	字板	黑字	字幕	一字無識
	(　　)	(　　)	(　　)	(　　)	(　　)
글자 자	子부 3획 ① 글자 ② 아이를 배다 ③ 양육하다				

自	自由	自我	自動	自尊	自業自得
	(　　)	(　　)	(　　)	(　　)	(　　)
스스로 자	自부 0획 ① 친히 ② 저절로 ③ 시초				

場	場面	場所	現場	登場	森林浴場
	(　　)	(　　)	(　　)	(　　)	(　　)
마당 장	土부 9획 ① 마당 ② 장터 ③ 시장				

全	全體	全般	全額	全員	學思兼全
	(　　)	(　　)	(　　)	(　　)	(　　)
온전할 전	入부 4획 ① 무사하다 ② 온전히 하다 ③ 전체				

前	前後	直前	事前	前代	前無後無
	(　　)	(　　)	(　　)	(　　)	(　　)
앞 전	刂부 7획 ① 앞 ② 앞서다 ③ 나아가다				

電	電話	電鐵	電氣	電算	巖下之電
	(　　)	(　　)	(　　)	(　　)	(　　)
번개 전	雨부 5획 ① 번개 ② 번쩍이다 ③ 전기				

正	正義	正統	修正	改正	事必歸正
	(　　)	(　　)	(　　)	(　　)	(　　)
바를 정	止부 1획 ① 바르다 ② 참으로 ③ 정월				

祖	祖國	祖母	元祖	始祖	同祖同根
	(　　)	(　　)	(　　)	(　　)	(　　)
조상 조	示부 5획 ① 할아비 ② 조상 ③ 사당				

足	充足	滿足	發足	蛇足	安分知足
	(　　)	(　　)	(　　)	(　　)	(　　)
발 족	足부 0획 ① 발 ② 족하다 ③ 지나치다				

左	左翼	左側	左便	左遷	左右之間
	(　　)	(　　)	(　　)	(　　)	(　　)
왼 좌	工부 2획 ① 왼쪽 ② 양(陽) ③ 낮추보다				

主	主張	主要	主體	主導	客反爲主
	(　　)	(　　)	(　　)	(　　)	(　　)
주인 주	丶부 4획 ① 주인 ② 우두머리 ③ 주장하다				

住	住民	住宅	住所	移住	住民登錄
	(　　)	(　　)	(　　)	(　　)	(　　)
살 주	亻부 5획 ① 살다 ② 생활 ③ 머무르다				

重	重點	重傷	重視	重症	重言復言
	(　　)	(　　)	(　　)	(　　)	(　　)
무거울 중	里부 2획 ① 무겁다 ② 거듭하다 ③ 많다				

地	地球	地域	地位	地圖	驚天動地
	(　　)	(　　)	(　　)	(　　)	(　　)
땅 지	土부 3획 ① 땅 ② 국토 ③ 곳				

紙	紙面	便紙	表紙	休紙	紙筆硯墨
	(　　)	(　　)	(　　)	(　　)	(　　)
종이 지	糸부 4획 ① 종이 ② 종이를 세는 단위 ③ 장				

直	直接	直線	直系	直感	直筆天誅
	(　　)	(　　)	(　　)	(　　)	(　　)
곧을 직	目부 3획 ① 곧다 ② 맞다 ③ 다만				

千	千金	千萬	千歲	千載	千辛萬苦
	(　　)	(　　)	(　　)	(　　)	(　　)
일천 천	十부 1획 ① 일천 ② 천 번 ③ 많다				

天	天才	天使	天然	天性	人命在天
	(　　)	(　　)	(　　)	(　　)	(　　)
하늘 천	大부 1획 ① 하늘 ② 하느님 ③ 임금				

川	川邊	河川	支川	遲川	名山大川
	( )	( )	( )	( )	( )
내 천	川부 0획 ① 내 ② 물귀신 ③ 들판				

草	草原	草家	雜草	甘草	草綠同色
	( )	( )	( )	( )	( )
풀 초	++부 6획 ① 풀 ② 초원 ③ 잡초				

村	村婦	村老	村鷄	鄕村	千村萬落
	( )	( )	( )	( )	( )
마을 촌	木부 3획 ① 마을 ② 촌스럽다 ③ 시골				

秋	秋夕	秋收	秋霜	晩秋	秋風落葉
	( )	( )	( )	( )	( )
가을 추	禾부 4획 ① 가을 ② 결실 ③ 세월				

春	春分	春蘭	春秋	新春	一場春夢
	( )	( )	( )	( )	( )
봄 춘	日부 5획 ① 봄 ② 젊은 때 ③ 움직이다				

出	出馬	出勤	賣出	露出	杜門不出
	( )	( )	( )	( )	( )
날 출	凵부 3획 ① 나다 ② 나가다 ③ 내다				

便	便益	便利	便紙	便所	執務便覽
	( )	( )	( )	( )	( )
편할 편 똥오줌 변	亻부 7획 ① 편안하다 ② 편의 ③ 분뇨				

平	平和	平均	平等	平野	太平聖代
	(　　　)	(　　　)	(　　　)	(　　　)	(　　　)
평평할 평	干부 2획 ① 평평하다 ② 바르게 하다 ③ 평정하다				

下	下部	下流	以下	引下	下石上臺
	(　　　)	(　　　)	(　　　)	(　　　)	(　　　)
아래 하	一부 2획 ① 아래 ② 내리다 ③ 낮추다				

夏	夏至	夏期	立夏	孟夏	夏爐冬扇
	(　　　)	(　　　)	(　　　)	(　　　)	(　　　)
여름 하	夊부 7획 ① 여름 ② 중국 ③ 나라 이름				

漢	漢字	漢陽	漢詩	惡漢	左國史漢
	(　　　)	(　　　)	(　　　)	(　　　)	(　　　)
한나라 한	氵부 11획 ① 한수(漢水) ② 은하수 ③ 사나이				

海	海外	海軍	海底	近海	桑田碧海
	(　　　)	(　　　)	(　　　)	(　　　)	(　　　)
바다 해	氵부 7획 ① 바다 ② 바닷물 ③ 크다				

花	花草	花郎	花環	花園	錦上添花
	(　　　)	(　　　)	(　　　)	(　　　)	(　　　)
꽃 화	艹부 4획 ① 꽃 ② 꽃이 피다 ③ 꽃답다				

話	話者	話頭	話術	寓話	建國神話
	(　　　)	(　　　)	(　　　)	(　　　)	(　　　)
말씀 화	言부 6획 ① 말하다 ② 이야기 ③ 다스리다				

活	活動 (　　)	活用 (　　)	活字 (　　)	活氣 (　　)	死中求活 (　　)
살 활	氵부 6획 ① 살다 ② 생존하다 ③ 물이 콸콸 흐르다				

孝	孝道 (　　)	孝行 (　　)	孝婦 (　　)	忠孝 (　　)	忠孝兩全 (　　)
효도 효	子부 4획 ① 효도 ② 효도하다 ③ 효심				

後	後輩 (　　)	後悔 (　　)	後續 (　　)	後援 (　　)	前後曲折 (　　)
뒤 후	彳부 6획 ① 뒤 ② 후세 ③ 늦다				

休	休暇 (　　)	休息 (　　)	休戰 (　　)	連休 (　　)	萬事休矣 (　　)
쉴 휴	亻부 4획 ① 쉬다 ② 휴가 ③ 그만두다				

3. 6급용 한자(150자)

角	角度	角木	時角	直角	角者無齒
	( )	( )	( )	( )	( )
뿔 각	角부 0획 ① 뿔 ② 뿔을 잡다 ③ 구석				

各	各種	各樣	各處	各地	各界各層
	( )	( )	( )	( )	( )
각각 각	口부 3획 ① 각각 ② 여러 ③ 제각기				

感	感情	感覺	感氣	感謝	感慨無量
	( )	( )	( )	( )	( )
느낄 감	心부 9획 ① 느끼다 ② 깨닫다 ③ 생각하다				

强	强制	强度	强調	强勢	弱肉强食
	( )	( )	( )	( )	( )
강할 강	弓부 9획 ① 강하다 ② 굳세다 ③ 힘쓰다				

開	開發	開放	開幕	再開	天地開闢
	( )	( )	( )	( )	( )
열 개	門부 4획 ① 열다 ② 통하다 ③ 피다				

京	京畿	京鄕	歸京	上京	京華巨族
	( )	( )	( )	( )	( )
서울 경	亠부 6획 ① 서울 ② 언덕 ③ 크고 높다				

界	世界	限界	政界	他界	三界一心
	( )	( )	( )	( )	( )
지경 계	田부 4획 ① 지경 ② 한계 ③ 범위				

計	計座	統計	計策	集計	姑息之計
	( )	( )	( )	( )	( )
셈할 계	言부 2획 ① 세다 ② 계산하다 ③ 계략				

古	古代	古典	古墳	古都	東西古今
	( )	( )	( )	( )	( )
옛 고	口부 2획 ① 옛날 ② 낡다 ③ 선조				

高	高度	高速	高價	最高	山高月明
	( )	( )	( )	( )	( )
높을 고	高부 0획 ① 높다 ② 높이다 ③ 고상하다				

苦	苦生	苦痛	苦行	苦戰	苦盡甘來
	( )	( )	( )	( )	( )
쓸 고	++부 5획 ① 쓰다 ② 괴롭다 ③ 멀미				

功	功臣	功勞	功過	成功	螢雪之功
	( )	( )	( )	( )	( )
공 공	力부 3획 ① 공로 ② 공치사하다 ③ 명예				

公	公演	公開	公園	公約	公平無私
	( )	( )	( )	( )	( )
공평할 공	八부 2획 ① 공변되다 ② 드러내다 ③ 공적				

共	共同	共感	共存	共通	共産主義
	(　　)	(　　)	(　　)	(　　)	(　　)
함께 공	八부 4획 ① 함께 ② 함께하다 ③ 공손하다				

果	果然	果實	因果	結果	善因善果
	(　　)	(　　)	(　　)	(　　)	(　　)
실과 과	木부 4획 ① 나무의 열매 ② 결과 ③ 과연				

科	科學	科目	科擧	敎科	百科事典
	(　　)	(　　)	(　　)	(　　)	(　　)
과목 과	禾부 4획 ① 과정 ② 정도				

光	光景	光線	光澤	夜光	和光同塵
	(　　)	(　　)	(　　)	(　　)	(　　)
빛 광	儿부 4획 ① 빛 ② 빛나다 ③ 윤기				

交	交通	交流	交換	交易	交友以信
	(　　)	(　　)	(　　)	(　　)	(　　)
사귈 교	亠부 4획 ① 사귀다 ② 엇갈리다 ③ 바꾸다				

區	區分	區域	區別	區間	農工地區
	(　　)	(　　)	(　　)	(　　)	(　　)
구분할 구	匸부 9획 ① 지경 ② 나누다 ③ 숨기다				

球	球團	球技	球場	投球	球根植物
	(　　)	(　　)	(　　)	(　　)	(　　)
공 구	玉부 7획 ① 공 ② 구슬 ③ 아름다운 옥				

郡	郡守 (　　)	郡內 (　　)	郡民 (　　)	郡邑 (　　)	郡縣制度 (　　)
고을 군	阝(邑)부 7획 ① 고을 ② 군청 ③ 쌓다				

近	近世 (　　)	近處 (　　)	接近 (　　)	側近 (　　)	近朱者赤 (　　)
가까울 근	辶부 4획 ① 가깝다 ② 가까이하다 ③ 친척				

根	根本 (　　)	根源 (　　)	根幹 (　　)	根絶 (　　)	事實無根 (　　)
뿌리 근	木부 6획 ① 뿌리 ② 뿌리박다 ③ 사물의 본원(本源)				

今	今方 (　　)	今年 (　　)	今時 (　　)	昨今 (　　)	今時初聞 (　　)
이제 금	人부 2획 ① 이제 ② 곧 ③ 만일				

急	急增 (　　)	急性 (　　)	急流 (　　)	急落 (　　)	焦眉之急 (　　)
급할 급	心부 5획 ① 급하다 ② 빠르다 ③ 갑자기				

級	級數 (　　)	高級 (　　)	進級 (　　)	階級 (　　)	信用等級 (　　)
등급 급	糸부 4획 ① 등급 ② 층계 ③ 계단				

多	多幸 (　　)	多量 (　　)	過多 (　　)	最多 (　　)	多多益善 (　　)
많을 다	夕부 3획 ① 많다 ② 많아지다 ③ 후하다				

短	短篇	短點	短期	短縮	美人短命
	( )	( )	( )	( )	( )
짧을 단	矢부 7획 ① 짧다 ② 부족하다 ③ 모자라다				

堂	明堂	學堂	食堂	書堂	正正堂堂
	( )	( )	( )	( )	( )
집 당	土부 8획 ① 집 ② 당당하다 ③ 문지방				

代	代表	代價	代理	現代	子孫萬代
	( )	( )	( )	( )	( )
대신할 대	亻부 3획 ① 대신 ② 교체하다 ③ 번갈다				

待	待接	期待	招待	應待	鶴首苦待
	( )	( )	( )	( )	( )
기다릴 대	彳부 6획 ① 기다리다 ② 대접하다 ③ 막다				

對	對答	對策	對應	絶對	刮目相對
	( )	( )	( )	( )	( )
대할 대	寸부 11획 ① 대답하다 ② 대하다 ③ 만나다				

度	度數	制度	速度	態度	度外置之
	( )	( )	( )	( )	( )
법도 도 헤아릴 탁	广부 6획 ① 법도 ② 한도 ③ 도량				

圖	圖式	圖形	圖表	意圖	十長生圖
	( )	( )	( )	( )	( )
그림 도	口부 11획 ① 그림 ② 꾀하다 ③ 규칙				

讀	讀者	讀法	讀解	誤讀	讀破萬卷
	(　　)	(　　)	(　　)	(　　)	(　　)
읽을 독 이두 두	言부 15획 ① 읽다 ② 구두점 ③ 이두				

童	童謠	童僧	神童	惡童	三尺童子
	(　　)	(　　)	(　　)	(　　)	(　　)
아이 동	立부 7획 ① 아이 ② 어리석다 ③ 땅 이름				

頭	頭痛	頭腦	話頭	序頭	去頭截尾
	(　　)	(　　)	(　　)	(　　)	(　　)
머리 두	頁부 7획 ① 머리 ② 우두머리 ③ 지혜				

等	等級	等數	平等	差等	劣等意識
	(　　)	(　　)	(　　)	(　　)	(　　)
무리 등	竹부 6획 ① 등급 ② 같다 ③ 동아리				

樂	樂器	樂團	快樂	極樂	樂山樂水
	(　　)	(　　)	(　　)	(　　)	(　　)
즐거울 락 소리 악 좋아할 요	木부 11획 ① 음악 ② 즐겁다 ③ 좋아하다				

例	例式	例文	事例	實例	次例次例
	(　　)	(　　)	(　　)	(　　)	(　　)
법식 례	亻부 6획 ① 법식 ② 비슷한 종류 ③ 관례				

禮	禮式	婚禮	茶禮	答禮	喪葬祭禮
	(　　)	(　　)	(　　)	(　　)	(　　)
예도 례	示부 13획 ① 예도 ② 예법 ③ 예식				

路	路線	道路	通路	鐵路	高速道路
	(　　)	(　　)	(　　)	(　　)	(　　)
길 로	足부 6획 ① 도로 ② 도리 ③ 방법				

綠	常綠	綠色	新綠	草綠	綠陰芳草
	(　　)	(　　)	(　　)	(　　)	(　　)
푸를 록	糸부 8획 ① 초록빛 ② 초록빛 비단 ③ 조개풀				

李	李花	李氏	桃李	牛李	張三李四
	(　　)	(　　)	(　　)	(　　)	(　　)
오얏 리	木부 3획 ① 오얏나무 ② 마을 ③ 심부름꾼				

利	利益	利潤	勝利	權利	見利思義
	(　　)	(　　)	(　　)	(　　)	(　　)
이로울 리	刂부 5획 ① 날카롭다 ② 편하다 ③ 이롭다				

理	理致	理論	處理	料理	空理空論
	(　　)	(　　)	(　　)	(　　)	(　　)
다스릴 리	玉부 7획 ① 다스리다 ② 길 ③ 도리				

明	明白	明確	明哲	照明	明若觀火
	(　　)	(　　)	(　　)	(　　)	(　　)
밝을 명	日부 4획 ① 밝다 ② 밝히다 ③ 결백하다				

目	目的	目錄	眼目	德目	目不忍見
	(　　)	(　　)	(　　)	(　　)	(　　)
눈 목	目부 0획 ① 눈 ② 보다 ③ 말하다				

聞	新聞	所聞	風聞	見聞	聞一知十
	(　　)	(　　)	(　　)	(　　)	(　　)
들을 문	耳부 8획 ① 듣다 ② 들리다 ③ 방문하다				

米	米飮	米穀	米壽	玄米	歲賜米豆
	(　　)	(　　)	(　　)	(　　)	(　　)
쌀 미	米부 0획 ① 쌀 ② 길이의 단위 ③ 미터				

美	美軍	美術	美德	美容	美辭麗句
	(　　)	(　　)	(　　)	(　　)	(　　)
아름다울 미	羊부 3획 ① 아름답다 ② 훌륭하다 ③ 맛나다				

朴	淳朴	素朴	厚朴	質朴	朴淵瀑布
	(　　)	(　　)	(　　)	(　　)	(　　)
후박나무 박	木부 2획 ① 후박나무 ② 순박하다 ③ 나무껍질				

反	反對	反省	反映	反射	反面教師
	(　　)	(　　)	(　　)	(　　)	(　　)
돌이킬 반	又부 2획 ① 돌이키다 ② 되돌리다 ③ 배반하다				

半	半島	前半	折半	半裸	弄半眞半
	(　　)	(　　)	(　　)	(　　)	(　　)
반 반	十부 3획 ① 반 ② 조각 ③ 나누다				

班	班長	首班	兩班	班常	班常嫡庶
	(　　)	(　　)	(　　)	(　　)	(　　)
나눌 반	玉부 6획 ① 나누다 ② 헤어지다 ③ 이어지다				

發	發展	發表	發達	發見	怒發大發
	(　　)	(　　)	(　　)	(　　)	(　　)
필 발	癶부 7획 ① 피다 ② 쏘다 ③ 가다				

放	放學	開放	解放	追放	放聲痛哭
	(　　)	(　　)	(　　)	(　　)	(　　)
놓을 방	攵부 4획 ① 석방하다 ② 불을 지르다 ③ 추방하다				

番	番號	番地	當番	學番	番外競技
	(　　)	(　　)	(　　)	(　　)	(　　)
차례 번	田부 7획 ① 차례 ② 횟수 ③ 개수				

別	別室	別名	別莊	差別	男女有別
	(　　)	(　　)	(　　)	(　　)	(　　)
다를 별	刂부 5획 ① 나누다 ② 떠나다 ③ 헤어지다				

病	病室	病院	發病	疾病	同病相憐
	(　　)	(　　)	(　　)	(　　)	(　　)
병 병	疒부 5획 ① 질병 ② 근심 ③ 괴로워하다				

服	服飾	服務	服從	衣服	上命下服
	(　　)	(　　)	(　　)	(　　)	(　　)
옷 복	月부 4획 ① 옷 ② 옷을 입다 ③ 약을 먹다				

本	本質	本部	本性	本國	人本主義
	( )	( )	( )	( )	( )
근본 본	木부 1획 ① 뿌리 ② 밑동 ③ 근원				

部	部門	部長	部隊	全部	四部大衆
	( )	( )	( )	( )	( )
거느릴 부	阝(邑)부 8획 ① 나누다 ② 거느리다 ③ 분류				

分	分野	分析	分明	成分	四分五裂
	( )	( )	( )	( )	( )
나눌 분	刀부 2획 ① 나누다 ② 구별하다 ③ 분수				

使	使命	使臣	使者	特使	十二使徒
	( )	( )	( )	( )	( )
부릴 사	亻부 6획 ① 부리다 ② 하여금 ③ 사신				

死	死亡	死刑	死後	死者	九死一生
	( )	( )	( )	( )	( )
죽을 사	歹부 2획 ① 죽다 ② 사자(死者) ③ 시체				

社	社會	社長	社說	社員	社會福祉
	( )	( )	( )	( )	( )
모일 사	示부 3획 ① 토지의 신 ② 제사 이름 ③ 단체				

書	書類	書店	書籍	覺書	四書三經
	( )	( )	( )	( )	( )
글 서	曰부 6획 ① 책 ② 쓰다 ③ 글씨				

石	石油	石炭	石塔	碑石	以卵投石
	( )	( )	( )	( )	( )
돌 석	石부 0획 ① 돌 ② 비석 ③ 단단하다				

席	席次	首席	參席	坐席	坐不安席
	( )	( )	( )	( )	( )
자리 석	巾부 7획 ① 자리 ② 깔다 ③ 앉다				

線	無線	曲線	路線	視線	直線走路
	( )	( )	( )	( )	( )
줄 선	糸부 9획 ① 줄 ② 실 ③ 금				

雪	雪原	雪景	除雪	白雪	螢雪之功
	( )	( )	( )	( )	( )
눈 설	雨부 3획 ① 눈 ② 눈이 오다 ③ 씻다				

成	成功	成果	成績	形成	三人成虎
	( )	( )	( )	( )	( )
이룰 성	戈부 3획 ① 이루다 ② 이루어지다 ③ 다스리다				

省	省察	反省	歸省	省略	三省吾身
	( )	( )	( )	( )	( )
살필 성 줄일 생	目부 4획 ① 살피다 ② 조사하다 ③ 줄이다				

消	消息	消滅	解消	取消	感性消費
	( )	( )	( )	( )	( )
사라질 소	氵부 7획 ① 사라지다 ② 사용하다 ③ 쇠하다				

速	速度 (　　)	速報 (　　)	時速 (　　)	過速 (　　)	欲速不達 (　　)
빠를 속	辶부 7획 ① 빠르다 ② 신속히 ③ 부르다				

孫	孫女 (　　)	子孫 (　　)	後孫 (　　)	長孫 (　　)	子子孫孫 (　　)
손자 손	子부 7획 ① 손자 ② 후손 ③ 달아나다				

樹	樹木 (　　)	樹種 (　　)	樹林 (　　)	果樹 (　　)	一樹百穫 (　　)
나무 수	木부 12획 ① 나무 ② 담장 ③ 심다				

術	藝術 (　　)	美術 (　　)	話術 (　　)	技術 (　　)	權謀術數 (　　)
재주 술	行부 5획 ① 계략 ② 통로 ③ 재주				

習	習性 (　　)	習得 (　　)	習作 (　　)	實習 (　　)	童蒙先習 (　　)
익힐 습	羽부 5획 ① 익히다 ② 숙달하다 ③ 익다				

勝	勝利 (　　)	勝敗 (　　)	勝率 (　　)	必勝 (　　)	百戰百勝 (　　)
이길 승	力부 10획 ① 이기다 ② 낫다 ③ 견디다				

始	始作 (　　)	始動 (　　)	始祖 (　　)	開始 (　　)	始終一貫 (　　)
비로소 시	女부 5획 ① 처음 ② 시작하다 ③ 처음에				

式	方式	形式	公式	正式	要式行爲
	( )	( )	( )	( )	( )
법 식	弋부 3획 ① 법 ② 본받다 ③ 의식				

神	神話	神學	精神	鬼神	天地神明
	( )	( )	( )	( )	( )
귀신 신	示부 5획 ① 신 ② 혼 ③ 마음				

身	身分	身體	身邊	代身	殺身成仁
	( )	( )	( )	( )	( )
몸 신	身부 0획 ① 신체 ② 자기 ③ 신분				

信	信仰	信念	所信	背信	孝悌忠信
	( )	( )	( )	( )	( )
믿을 신	亻부 9획 ① 믿다 ② 미쁘다 ③ 진실로				

新	新聞	新婦	新任	革新	溫故知新
	( )	( )	( )	( )	( )
새로울 신	斤부 9획 ① 새로운 ② 새롭게 하다 ③ 새해				

失	失敗	失業	失望	失策	千慮一失
	( )	( )	( )	( )	( )
잃을 실	大부 2획 ① 잃다 ② 잘못 ③ 달아나다				

愛	愛情	愛着	愛憎	友愛	愛之重之
	( )	( )	( )	( )	( )
사랑 애	心부 9획 ① 사랑 ② 사랑하다 ③ 가엾게 여기다				

夜	夜學	夜勤	夜景	深夜	錦衣夜行
	(　　)	(　　)	(　　)	(　　)	(　　)
밤 야	夕부 5획 ① 밤 ② 새벽 ③ 그늘				

野	野黨	野外	野望	平野	山歌野唱
	(　　)	(　　)	(　　)	(　　)	(　　)
들 야	里부 4획 ① 들판 ② 마을 ③ 촌스럽다				

弱	弱點	弱勢	弱冠	弱骨	弱肉强食
	(　　)	(　　)	(　　)	(　　)	(　　)
약할 약	弓부 7획 ① 약하다 ② 날씬하다 ③ 어리다				

藥	藥局	藥草	藥效	齒藥	良藥苦口
	(　　)	(　　)	(　　)	(　　)	(　　)
약 약	艹부 15획 ① 약 ② 화약 ③ 치료하다				

洋	洋酒	洋弓	東洋	海洋	斥洋斥倭
	(　　)	(　　)	(　　)	(　　)	(　　)
큰 바다 양	氵부 6획 ① 바다 ② 넘치다 ③ 큰 파도				

陽	陽地	陽性	漢陽	夕陽	和風暖陽
	(　　)	(　　)	(　　)	(　　)	(　　)
볕 양	阝(阜)부 9획 ① 양지 ② 양 ③ 홀수				

言	言論	方言	發言	助言	言語道斷
	(　　)	(　　)	(　　)	(　　)	(　　)
말씀 언	言부 0획 ① 말씀 ② 직언하다 ③ 말씨				

業	業體	業務	卒業	就業	有業人口
	(　　　)	(　　　)	(　　　)	(　　　)	(　　　)
업 업	木부 9획 ① 사업 ② 생계 ③ 순서				

永	永遠	永久	永住	永眠	永訣終天
	(　　　)	(　　　)	(　　　)	(　　　)	(　　　)
길 영	水부 1획 ① 길다 ② 오래도록 ③ 노래하다				

英	英語	英雄	英才	英美	英雄豪傑
	(　　　)	(　　　)	(　　　)	(　　　)	(　　　)
꽃부리 영	++부 5획 ① 꽃부리 ② 아름답다 ③ 뛰어나다				

溫	溫泉	溫室	溫度	高溫	三寒四溫
	(　　　)	(　　　)	(　　　)	(　　　)	(　　　)
따뜻할 온	氵부 10획 ① 따뜻하다 ② 온화하다 ③ 넉넉하다				

用	用度	所用	信用	使用	無用之物
	(　　　)	(　　　)	(　　　)	(　　　)	(　　　)
쓸 용	用부 0획 ① 쓰다 ② 작용 ③ 용도				

勇	勇猛	勇斷	勇退	勇將	勇往直進
	(　　　)	(　　　)	(　　　)	(　　　)	(　　　)
날랠 용	力부 7획 ① 용감하다 ② 과감하다 ③ 병사				

運	運動	運命	運行	幸運	運七技三
	(　　　)	(　　　)	(　　　)	(　　　)	(　　　)
옮길 운	辶부 9획 ① 돌다 ② 옮기다 ③ 쓰다				

園	園藝	園長	學園	田園	桃園結義
	(　　)	(　　)	(　　)	(　　)	(　　)
동산 원	口부 10획 ① 정원 ② 밭 ③ 과수원				

遠	遠近	遠洋	遠視	遠海	敬而遠之
	(　　)	(　　)	(　　)	(　　)	(　　)
멀 원	辶부 10획 ① 멀다 ② 무궁하다 ③ 멀리하다				

由	由來	自由	理由	事由	由我之歎
	(　　)	(　　)	(　　)	(　　)	(　　)
말미암을 유	田부 0획 ① 말미암다 ② 좇다 ③ 이유				

油	油價	油類	原油	注油	油頭粉面
	(　　)	(　　)	(　　)	(　　)	(　　)
기름 유	氵부 5획 ① 기름 ② 광택				

銀	銀行	銀器	銀杏	銀色	金銀寶貨
	(　　)	(　　)	(　　)	(　　)	(　　)
은 은	金부 6획 ① 은 ② 돈 ③ 도장				

音	音樂	音聲	音節	發音	訓民正音
	(　　)	(　　)	(　　)	(　　)	(　　)
소리 음	音부 0획 ① 소리 ② 가락 ③ 음악				

飮	飮食	飮酒	過飮	暴飮	簞食瓢飮
	(　　)	(　　)	(　　)	(　　)	(　　)
마실 음	食부 4획 ① 마시다 ② 음료 ③ 주연(酒宴)				

衣	衣服 ( )	衣類 ( )	衣裳 ( )	衣冠 ( )	好衣好食 ( )
옷 의	衣부 0획 ① 옷 ② 가리개 ③ 입다				

意	意味 ( )	意識 ( )	意志 ( )	意思 ( )	表意文字 ( )
뜻 의	心부 9획 ① 의지 ② 생각 ③ 헤아리다				

醫	醫師 ( )	醫學 ( )	醫院 ( )	醫藥 ( )	先病者醫 ( )
의원 의	酉부 11획 ① 의원 ② 병을 고치다 ③ 의사				

者	記者 ( )	患者 ( )	讀者 ( )	著者 ( )	百萬長者 ( )
사람 자	耂부 5획 ① 놈 ② 경우 ③ 때				

作	作家 ( )	作戰 ( )	作定 ( )	豐作 ( )	作心三日 ( )
지을 작	亻부 5획 ① 짓다 ② 만들다 ③ 일어나다				

昨	昨年 ( )	昨今 ( )	昨歲 ( )	昨日 ( )	昨醉未醒 ( )
어제 작	日부 5획 ① 어제 ② 옛날 ③ 앞서				

章	文章 ( )	樂章 ( )	指章 ( )	印章 ( )	下筆成章 ( )
글 장	立부 6획 ① 문장 ② 법식 ③ 모범				

才	才能	才幹	才弄	才氣	才子佳人
	(　　)	(　　)	(　　)	(　　)	(　　)
재주 재	才부 0획 ① 재주 ② 재능이 있는 사람 ③ 기본				

在	在學	在庫	在職	在任	人命在天
	(　　)	(　　)	(　　)	(　　)	(　　)
있을 재	土부 3획 ① 있다 ② 찾다 ③ 살피다				

戰	戰爭	戰略	戰後	內戰	鯨戰蝦死
	(　　)	(　　)	(　　)	(　　)	(　　)
싸움 전	戈부 12획 ① 싸움 ② 전쟁 ③ 두려워하다				

定	定着	定義	定期	規定	昏定晨省
	(　　)	(　　)	(　　)	(　　)	(　　)
정할 정	宀부 5획 ① 결정하다 ② 평정하다 ③ 정해지다				

庭	庭園	家庭	校庭	親庭	秦庭之哭
	(　　)	(　　)	(　　)	(　　)	(　　)
뜰 정	广부 7획 ① 뜰 ② 집안 ③ 조정				

第	第次	落第	及第	登第	天下第一
	(　　)	(　　)	(　　)	(　　)	(　　)
차례 제	竹부 5획 ① 차례 ② 차례를 정하다 ③ 계급				

題	題目	問題	話題	課題	表題之件
	(　　)	(　　)	(　　)	(　　)	(　　)
제목 제	頁부 9획 ① 이마 ② 표제 ③ 문제				

朝	朝會	朝鮮	朝廷	朝刊	朝三暮四
	(　　)	(　　)	(　　)	(　　)	(　　)
아침 조	月부 8획 ① 아침 ② 처음 ③ 뵙다				

族	貴族	同族	民族	家族	白衣民族
	(　　)	(　　)	(　　)	(　　)	(　　)
겨레 족	方부 7획 ① 겨레 ② 동포 ③ 무리				

注	注意	注目	注射	注油	孤注一擲
	(　　)	(　　)	(　　)	(　　)	(　　)
물 댈 주	氵부 5획 ① 물을 붓다 ② 모으다 ③ 쏟다				

晝	晝間	白晝	晝餐	晝夜	晝耕夜讀
	(　　)	(　　)	(　　)	(　　)	(　　)
낮 주	日부 7획 ① 낮				

集	集團	集會	集合	收集	離合集散
	(　　)	(　　)	(　　)	(　　)	(　　)
모일 집	隹부 4획 ① 모이다 ② 모으다 ③ 도달하다				

窓	窓門	同窓	學窓	鐵窓	北窓三友
	(　　)	(　　)	(　　)	(　　)	(　　)
창 창	穴부 6획 ① 창 ② 창문 ③ 굴뚝				

淸	淸掃	淸酒	淸朝	淸溪	百年河淸
	(　　)	(　　)	(　　)	(　　)	(　　)
맑을 청	氵부 8획 ① 맑다 ② 맑게 하다 ③ 갚다				

體	體育	體驗	肉體	實體	智德體技
	(　)	(　)	(　)	(　)	(　)
몸 체	骨부 13획 ① 신체 ② 수족(手足) ③ 모양				

親	親舊	親族	親切	兩親	四顧無親
	(　)	(　)	(　)	(　)	(　)
친할 친	見부 9획 ① 친하다 ② 사랑하다 ③ 어버이				

太	太初	太半	太極	太陽	太平聖代
	(　)	(　)	(　)	(　)	(　)
클 태	大부 1획 ① 크다 ② 심하다 ③ 통하다				

通	通話	通路	流通	交通	四通八達
	(　)	(　)	(　)	(　)	(　)
통할 통	辶부 7획 ① 통하다 ② 경유하다 ③ 왕래하다				

特	特性	特別	特定	特惠	大書特筆
	(　)	(　)	(　)	(　)	(　)
특별할 특	牜부 6획 ① 유다르다 ② 달리하다 ③ 특별히				

表	表現	表情	表紙	表記	表裏不同
	(　)	(　)	(　)	(　)	(　)
겉 표	衣부 2획 ① 겉 ② 나타내다 ③ 드러내다				

風	風景	風習	風聞	狂風	風樹之嘆
	(　)	(　)	(　)	(　)	(　)
바람 풍	風부 0획 ① 바람 ② 바람이 불다 ③ 풍자하다				

合	合格	合意	合同	合作	知行合一
	( )	( )	( )	( )	( )
합할 합	口부 3획 ① 합하다 ② 일치하다 ③ 모이다				

行	行爲	進行	旅行	行列	言行一致
	( )	( )	( )	( )	( )
다닐 행 항렬 항	行부 0획 ① 가다 ② 지나다 ③ 흐르다				

幸	幸福	幸運	不幸	天幸	千萬多幸
	( )	( )	( )	( )	( )
다행 행	干부 5획 ① 다행하다 ② 사랑하다 ③ 즐기다				

向	向方	向後	志向	動向	離村向都
	( )	( )	( )	( )	( )
향할 향	口부 3획 ① 향하다 ② 향방 ③ 이전에				

現	現實	現場	現象	現代	慣用表現
	( )	( )	( )	( )	( )
나타날 현	玉부 7획 ① 나타나다 ② 현재 ③ 이승				

形	形態	形式	形便	形成	形而上學
	( )	( )	( )	( )	( )
모양 형	彡부 4획 ① 형상 ② 용모 ③ 신체				

號	號令	信號	記號	番號	發音記號
	( )	( )	( )	( )	( )
부를 호	虍부 7획 ① 부르다 ② 부르짖다 ③ 이름				

和	和合	和解	和睦	調和	和光同塵
	(　　)	(　　)	(　　)	(　　)	(　　)
화할 화	口부 5획 ① 고르다 ② 화목하다 ③ 화해하다				

畫	畫家	畫面	映畫	錄畫	畫中之餠
	(　　)	(　　)	(　　)	(　　)	(　　)
그림 화	田부 7획 ① 그림 ② 그리다 ③ 고르다				

黃	黃金	黃砂	黃泉	黃昏	天地玄黃
	(　　)	(　　)	(　　)	(　　)	(　　)
누를 황	黃부 0획 ① 누르다 ② 누래지다 ③ 황금				

會	會社	會議	會談	集會	會者定離
	(　　)	(　　)	(　　)	(　　)	(　　)
모일 회	日부 9획 ① 모이다 ② 모임 ③ 만나다				

訓	訓戒	訓示	訓育	敎訓	顔氏家訓
	(　　)	(　　)	(　　)	(　　)	(　　)
가르칠 훈	言부 7획 ① 가르치다 ② 인도하다 ③ 경계하다				

4. 5급용 한자(200자)

加	加工 ( )	加重 ( )	加速 ( )	加熱 ( )	加減乘除 ( )
더할 가	力부 3획 ① 더하다 ② 살다 ③ 베풀다				

可	可能 ( )	可望 ( )	許可 ( )	認可 ( )	曰可曰否 ( )
옳을 가	口부 2획 ① 옳다 ② 인정하다 ③ 좋다				

價	價格 ( )	價値 ( )	評價 ( )	物價 ( )	同價紅裳 ( )
값 가	亻부 13획 ① 시세 ② 값어치 ③ 수				

改	改革 ( )	改善 ( )	改正 ( )	改編 ( )	改過遷善 ( )
고칠 개	攵부 3획 ① 고치다 ② 바로잡다 ③ 바꾸다				

客	客室 ( )	客席 ( )	客地 ( )	乘客 ( )	主客顚倒 ( )
손님 객	宀부 6획 ① 손님 ② 여행 ③ 사람				

去	去來 ( )	去就 ( )	過去 ( )	除去 ( )	去者必返 ( )
갈 거	厶부 3획 ① 가다 ② 떠나다 ③ 없애다				

擧	擧論	擧手	科擧	快擧	公明選擧
	( )	( )	( )	( )	( )
들 거	手부 14획 ① 들다 ② 오르다 ③ 움직이다				

件	件數	要件	文件	案件	事事件件
	( )	( )	( )	( )	( )
물건 건	亻부 4획 ① 사건 ② 구분하다 ③ 건수				

建	建物	建設	建築	建議	建國神話
	( )	( )	( )	( )	( )
세울 건	廴부 6획 ① 세우다 ② 엎지르다 ③ 열쇠				

健	健康	健全	健忘	保健	春寒老健
	( )	( )	( )	( )	( )
굳셀 건	亻부 9획 ① 튼튼하다 ② 굳세다 ③ 어렵게 여기다				

格	格式	格言	人格	性格	格物致知
	( )	( )	( )	( )	( )
격식 격	木부 6획 ① 바로잡다 ② 겨루다 ③ 법칙				

見	見解	見本	識見	謁見	見蚊拔劍
	( )	( )	( )	( )	( )
볼 견 보일 현	見부 0획 ① 보다 ② 보이다 ③ 나타나다				

決	決定	決心	決意	解決	速戰速決
	( )	( )	( )	( )	( )
결단할 결	氵부 4획 ① 트다 ② 정하다 ③ 터뜨리다				

結	結果	結婚	結末	結成	結者解之
	( )	( )	( )	( )	( )
맺을 결	糸부 6획 ① 맺다 ② 잇다 ③ 매듭				

景	景致	景品	造景	夜景	景勝之地
	( )	( )	( )	( )	( )
볕 경	日부 8획 ① 햇볕 ② 태양 ③ 밝다				

敬	敬畏	敬拜	敬意	尊敬	敬天愛人
	( )	( )	( )	( )	( )
공경 경	攵부 9획 ① 공경 ② 훈계하다 ③ 정중하다				

輕	輕視	輕重	輕車	輕減	民重君輕
	( )	( )	( )	( )	( )
가벼울 경	車부 7획 ① 가볍다 ② 모자라다 ③ 조급히 굴다				

競	競爭	競起	競選	競走	南風不競
	( )	( )	( )	( )	( )
다툴 경	立부 15획 ① 다투다 ② 쫓다 ③ 나아가다				

固	固有	固定	固守	固着	固執不通
	( )	( )	( )	( )	( )
굳을 고	囗부 5획 ① 굳다 ② 진실로 ③ 단단하다				

考	考慮	考試	參考	思考	深思熟考
	( )	( )	( )	( )	( )
생각할 고	耂부 2획 ① 곰곰 생각하다 ② 밝히다 ③ 살펴보다				

告	告發	告白	申告	廣告	以實直告
	(　　)	(　　)	(　　)	(　　)	(　　)
고할 고 청할 곡	口부 4획 ① 알리다 ② 고발하다 ③ 청하다				

曲	曲線	曲調	曲藝	樂曲	曲學阿世
	(　　)	(　　)	(　　)	(　　)	(　　)
굽을 곡	曰부 2획 ① 굽다 ② 굽히다 ③ 악곡				

課	課題	課程	課稅	日課	人事考課
	(　　)	(　　)	(　　)	(　　)	(　　)
매길 과	言부 8획 ① 매기다 ② 조세 ③ 시험하다				

過	過去	過言	通過	超過	過猶不及
	(　　)	(　　)	(　　)	(　　)	(　　)
지날 과	辶부 9획 ① 지나다 ② 허물 ③ 잘못하다				

關	關係	關心	關聯	關稅	首尾相關
	(　　)	(　　)	(　　)	(　　)	(　　)
빗장 관	門부 11획 ① 빗장 ② 잠그다 ③ 관계하다				

觀	觀點	觀客	觀衆	觀光	袖手傍觀
	(　　)	(　　)	(　　)	(　　)	(　　)
볼 관	見부 18획 ① 보다 ② 드러내다 ③ 경치				

廣	廣告	廣域	廣魚	廣場	人稀地廣
	(　　)	(　　)	(　　)	(　　)	(　　)
넓을 광	广부 12획 ① 넓다 ② 넓히다 ③ 넓이				

橋	橋梁	橋脚	鐵橋	陸橋	軍用浮橋
	(　　)	(　　)	(　　)	(　　)	(　　)
다리 교	木부 12획 ① 다리 ② 굳세다 ③ 빠르다				

具	具體	家具	道具	具備	具眼之士
	(　　)	(　　)	(　　)	(　　)	(　　)
갖출 구	八부 6획 ① 갖추다 ② 그릇 ③ 함께				

救	救援	救助	救護	救國	救濟不能
	(　　)	(　　)	(　　)	(　　)	(　　)
구원할 구	攴부 7획 ① 돕다 ② 고치다 ③ 막다				

舊	舊式	舊態	新舊	親舊	傾蓋如舊
	(　　)	(　　)	(　　)	(　　)	(　　)
예 구	臼부 12획 ① 옛날 ② 묵다 ③ 오래다				

局	局面	結局	當局	政局	局發地震
	(　　)	(　　)	(　　)	(　　)	(　　)
판 국	尸부 4획 ① 판국 ② 관청 ③ 방(房)				

貴	貴族	貴賤	貴賓	貴下	富貴功名
	(　　)	(　　)	(　　)	(　　)	(　　)
귀할 귀	貝부 5획 ① 귀하다 ② 존경하다 ③ 번영하다				

規	規則	規範	規定	新規	過失相規
	(　　)	(　　)	(　　)	(　　)	(　　)
법 규	見부 4획 ① 법 ② 모범 ③ 둥글다				

給	給與 (　　)	給食 (　　)	給水 (　　)	配給 (　　)	自給自足 (　　)
줄 급	糸부 6획 ① 넉넉하다 ② 더하다 ③ 공급하다				

己	克己 (　　)	知己 (　　)	愛己 (　　)	利己 (　　)	修己治人 (　　)
몸 기	己부 0획 ① 몸 ② 천간(天干)의 여섯째 ③ 다스리다				

技	技術 (　　)	技法 (　　)	特技 (　　)	實技 (　　)	百工技藝 (　　)
재주 기	扌부 4획 ① 재주 ② 재능 ③ 기술				

起	起點 (　　)	起動 (　　)	起寢 (　　)	再起 (　　)	起承轉結 (　　)
일어날 기	走부 3획 ① 일어나다 ② 출세하다 ③ 기용하다				

基	基本 (　　)	基礎 (　　)	基準 (　　)	基幹 (　　)	基層文化 (　　)
터 기	土부 8획 ① 터 ② 비롯하다 ③ 업(業)				

期	期約 (　　)	期待 (　　)	時期 (　　)	學期 (　　)	一世一期 (　　)
기약할 기	月부 8획 ① 만나다 ② 정하다 ③ 약속하다				

吉	吉鳥 (　　)	吉祥 (　　)	吉日 (　　)	吉夢 (　　)	吉凶禍福 (　　)
길할 길	口부 3획 ① 길하다 ② 좋다 ③ 음력 초하루				

念	念慮	信念	概念	念佛	一心正念
	(　　)	(　　)	(　　)	(　　)	(　　)
생각할 념	心부 4획 ① 생각 ② 생각하다 ③ 외다				

能	可能	能率	萬能	才能	能小能大
	(　　)	(　　)	(　　)	(　　)	(　　)
능할 능	月부 6획 ① 능하다 ② 미치다 ③ 재량				

團	團體	團地	團束	劇團	工業團地
	(　　)	(　　)	(　　)	(　　)	(　　)
둥글 단	口부 11획 ① 둥글다 ② 모이다 ③ 덩어리				

壇	文壇	教壇	登壇	講壇	朝鮮詩壇
	(　　)	(　　)	(　　)	(　　)	(　　)
단 단	土부 13획 ① 단 ② 곳 ③ 뜰				

談	談話	美談	德談	談笑	空理空談
	(　　)	(　　)	(　　)	(　　)	(　　)
말씀 담	言부 8획 ① 말씀 ② 말하다 ③ 농담하다				

當	當時	手當	當選	當落	萬萬不當
	(　　)	(　　)	(　　)	(　　)	(　　)
마땅할 당	田부 8획 ① 마땅하다 ② 주관하다				

德	德分	德性	德澤	德望	感之德之
	(　　)	(　　)	(　　)	(　　)	(　　)
덕 덕	彳부 12획 ① 덕 ② 본성 ③ 행위				

到	到着	到達	到處	殺到	讀書三到
	(　　)	(　　)	(　　)	(　　)	(　　)
이를 도	刂부 6획 ① 이르다 ② 주도면밀하다 ③ 속이다				

島	島民	島嶼	群島	獨島	絶海孤島
	(　　)	(　　)	(　　)	(　　)	(　　)
섬 도	山부 7획 ① 섬				

都	都市	都心	首都	遷都	訓練都監
	(　　)	(　　)	(　　)	(　　)	(　　)
도읍 도	阝(邑)부 9획 ① 도읍 ② 있다 ③ 모이다				

獨	獨立	獨身	獨房	獨斷	鰥寡孤獨
	(　　)	(　　)	(　　)	(　　)	(　　)
홀로 독	犭부 13획 ① 홀로 ② 홀몸 ③ 다만				

落	落下	村落	脫落	暴落	烏飛梨落
	(　　)	(　　)	(　　)	(　　)	(　　)
떨어질 락	++부 9획 ① 떨어지다 ② 죽다 ③ 버리다				

朗	朗報	明朗	朗月	朗誦	朗家思想
	(　　)	(　　)	(　　)	(　　)	(　　)
밝을 랑	月부 7획 ① 밝다 ② 활달하다 ③ 소리 높이				

冷	冷氣	冷水	寒冷	冷溫	冷凍保存
	(　　)	(　　)	(　　)	(　　)	(　　)
찰 랭	冫부 5획 ① 차다 ② 식히다 ③ 맑다				

良	良書	良民	不良	優良	良禽擇木
	(　　)	(　　)	(　　)	(　　)	(　　)
어질 량	艮부 1획 ① 좋다 ② 뛰어나다 ③ 아름답다				

量	多量	用量	質量	分量	車載斗量
	(　　)	(　　)	(　　)	(　　)	(　　)
헤아릴 량	里부 5획 ① 추측하다 ② 나누다 ③ 생각하다				

旅	旅行	旅客	行旅	軍旅	逆旅過客
	(　　)	(　　)	(　　)	(　　)	(　　)
나그네 려	方부 5획 ① 나그네 ② 행상 ③ 군사				

歷	歷任	學歷	略歷	經歷	違反履歷
	(　　)	(　　)	(　　)	(　　)	(　　)
지낼 력	止부 12획 ① 지내다 ② 뛰어넘다 ③ 모두				

練	練習	訓練	修練	練磨	一字百鍊
	(　　)	(　　)	(　　)	(　　)	(　　)
익힐 련	糸부 9획 ① 익히다 ② 단련하다 ③ 시험하다				

令	命令	指令	訓令	口令	朝令暮改
	(　　)	(　　)	(　　)	(　　)	(　　)
하여금 령	人부 5획 ① 하여금 ② 부리다 ③ 명령				

領	大領	首領	占領	領土	要領不得
	(　　)	(　　)	(　　)	(　　)	(　　)
거느릴 령	頁부 5획 ① 옷깃 ② 목 ③ 거느리다				

勞	勞苦 (　　)	勤勞 (　　)	功勞 (　　)	過勞 (　　)	勞心焦思 (　　)
일할 로	力부 10획 ① 일하다 ② 위로하다 ③ 애쓰다				

料	資料 (　　)	無料 (　　)	飮料 (　　)	料理 (　　)	大違所料 (　　)
헤아릴 료	斗부 6획 ① 헤아리다 ② 되다 ③ 세다				

流	流行 (　　)	流通 (　　)	急流 (　　)	氣流 (　　)	光陰如流 (　　)
흐를 류	氵부 7획 ① 흐르다 ② 흘리다 ③ 귀양 보내다				

類	人類 (　　)	種類 (　　)	書類 (　　)	衣類 (　　)	類類相從 (　　)
무리 류	頁부 10획 ① 무리 ② 동종(同種) ③ 비슷하다				

陸	陸地 (　　)	陸軍 (　　)	着陸 (　　)	離陸 (　　)	水陸珍品 (　　)
뭍 륙	阝(阜)부 8획 ① 육지 ② 언덕 ③ 산꼭대기				

馬	馬夫 (　　)	馬房 (　　)	出馬 (　　)	騎馬 (　　)	馬耳東風 (　　)
말 마	馬부 0획 ① 말 ② 크다 ③ 나쁘다				

末	末端 (　　)	末年 (　　)	末尾 (　　)	終末 (　　)	末流之弊 (　　)
끝 말	木부 1획 ① 끝 ② 마지막 ③ 신하				

亡	亡國	存亡	敗亡	滅亡	亡羊補牢
	(　　)	(　　)	(　　)	(　　)	(　　)
망할 망	亠부 1획 ① 잃다 ② 없다 ③ 죽다				

望	前望	希望	熱望	信望	一望無際
	(　　)	(　　)	(　　)	(　　)	(　　)
바랄 망	月부 7획 ① 바라다 ② 기다리다 ③ 우러러보다				

買	强買	買收	豫買	購買	本價和買
	(　　)	(　　)	(　　)	(　　)	(　　)
살 매	貝부 5획 ① 사다 ② 성(姓)				

賣	賣上	賣場	賣物	競賣	買占賣惜
	(　　)	(　　)	(　　)	(　　)	(　　)
팔 매	貝부 8획 ① 팔다 ② 속이다 ③ 배신하다				

無	無料	無限	無期	無知	唯一無二
	(　　)	(　　)	(　　)	(　　)	(　　)
없을 무	灬부 8획 ① 없다 ② 무엇				

倍	倍數	倍加	倍率	百倍	事倍功少
	(　　)	(　　)	(　　)	(　　)	(　　)
곱 배	亻부 8획 ① 갑절 ② 등지다 ③ 더하다				

法	法律	法院	法案	法則	治外法權
	(　　)	(　　)	(　　)	(　　)	(　　)
법 법	氵부 5획 ① 법 ② 본받다 ③ 법을 지키다				

變	變化 (　　)	變動 (　　)	變更 (　　)	變形 (　　)	千變萬化 (　　)
변할 변	言부 16획 ① 변하다 ② 움직이다 ③ 고치다				

兵	兵長 (　　)	兵務 (　　)	兵營 (　　)	步兵 (　　)	莫莫强兵 (　　)
병사 병	八부 5획 ① 군사 ② 무기 ③ 전쟁				

福	福音 (　　)	福券 (　　)	幸福 (　　)	祝福 (　　)	國利民福 (　　)
복 복	示부 9획 ① 복 ② 복을 받다 ③ 간직하다				

奉	奉仕 (　　)	奉養 (　　)	奉獻 (　　)	信奉 (　　)	滅私奉公 (　　)
받들 봉	大부 5획 ① 받들다 ② 바치다 ③ 기르다				

比	比較 (　　)	比例 (　　)	比率 (　　)	性比 (　　)	比屋可封 (　　)
견줄 비	比부 0획 ① 견주다 ② 따르다 ③ 비율				

費	費用 (　　)	學費 (　　)	經費 (　　)	消費 (　　)	貪汚浪費 (　　)
쓸 비	貝부 5획 ① 쓰다 ② 비용 ③ 재화				

鼻	鼻音 (　　)	鼻炎 (　　)	鼻孔 (　　)	鼻紋 (　　)	耳目口鼻 (　　)
코 비	鼻부 0획 ① 코 ② 구멍 ③ 코 꿰다				

氷	氷河	氷板	氷質	解氷	如履薄氷
	(　　)	(　　)	(　　)	(　　)	(　　)
얼음 빙	水부 1획 ① 얼음 ② 얼다 ③ 오싹하다				

士	士族	博士	技士	士林	具眼之士
	(　　)	(　　)	(　　)	(　　)	(　　)
선비 사	士부 0획 ① 선비 ② 벼슬 ③ 남자				

仕	出仕	落仕	勤仕	仕宦	自願奉仕
	(　　)	(　　)	(　　)	(　　)	(　　)
벼슬 사	亻부 3획 ① 벼슬 ② 섬기다 ③ 살피다				

史	史料	史學	女史	史庫	植民史觀
	(　　)	(　　)	(　　)	(　　)	(　　)
역사 사	口부 2획 ① 역사 ② 사관(史官) ③ 문장가				

査	査察	調査	踏査	檢査	任用考査
	(　　)	(　　)	(　　)	(　　)	(　　)
조사할 사	木부 5획 ① 조사하다 ② 사돈				

思	思想	思考	思惟	意思	易地思之
	(　　)	(　　)	(　　)	(　　)	(　　)
생각 사	心부 5획 ① 생각하다 ② 사모하다 ③ 사랑하다				

寫	寫眞	寫本	複寫	描寫	聲帶模寫
	(　　)	(　　)	(　　)	(　　)	(　　)
베낄 사	宀부 12획 ① 베끼다 ② 그리다 ③ 본뜨다				

産	産物	産地	破産	倒産	不實資産
	(　　)	(　　)	(　　)	(　　)	(　　)
낳을 산	生부 6획 ① 낳다 ② 출신 ③ 산물(産物)				

相	相對	相互	相關	相談	相扶相助
	(　　)	(　　)	(　　)	(　　)	(　　)
서로 상	目부 4획 ① 서로 ② 보다 ③ 형상				

商	商品	商店	商業	通商	士農工商
	(　　)	(　　)	(　　)	(　　)	(　　)
장사 상	口부 8획 ① 장사하다 ② 헤아리다 ③ 장사하는 사람				

賞	賞金	賞狀	施賞	受賞	論功行賞
	(　　)	(　　)	(　　)	(　　)	(　　)
상 상	貝부 8획 ① 상 ② 상을 주다 ③ 기리다				

序	序列	序文	順序	秩序	長幼有序
	(　　)	(　　)	(　　)	(　　)	(　　)
차례 서	广부 4획 ① 차례 ② 차례를 매기다 ③ 단서				

仙	仙境	仙界	酒仙	神仙	玉骨仙風
	(　　)	(　　)	(　　)	(　　)	(　　)
신선 선	亻부 3획 ① 신선 ② 도교 ③ 가볍게 나는 듯한 모양				

船	船員	船主	造船	漁船	一葉小船
	(　　)	(　　)	(　　)	(　　)	(　　)
배 선	舟부 5획 ① 배 ② 옷깃				

善	善惡	善心	次善	僞善	善男善女
	(　　)	(　　)	(　　)	(　　)	(　　)
착할 선	口부 9획 ① 착하다 ② 좋아하다 ③ 좋게 여기다				

選	選擧	選手	選擇	當選	選民意識
	(　　)	(　　)	(　　)	(　　)	(　　)
가릴 선	辶부 12획 ① 가리다 ② 뽑다 ③ 세다				

鮮	鮮明	鮮度	新鮮	生鮮	檀君朝鮮
	(　　)	(　　)	(　　)	(　　)	(　　)
고울 선	魚부 6획 ① 곱다 ② 선명하다 ③ 신선하다				

說	說得	說話	傳說	遊說	說往說來
	(　　)	(　　)	(　　)	(　　)	(　　)
말씀 설 기쁠 열 달랠 세	言부 7획 ① 말씀 ② 기쁘다 ③ 달래다				

性	性格	性質	個性	理性	俗物根性
	(　　)	(　　)	(　　)	(　　)	(　　)
성품 성	忄부 5획 ① 성품 ② 성질 ③ 생명				

洗	洗手	洗禮	洗濯	洗顔	以血洗血
	(　　)	(　　)	(　　)	(　　)	(　　)
씻을 세	氵부 6획 ① 씻다 ② 깨끗하다 ③ 신선하다				

歲	歲月	歲拜	歲暮	萬歲	歲時風俗
	(　　)	(　　)	(　　)	(　　)	(　　)
해 세	止부 9획 ① 해 ② 새해 ③ 세월				

束	束縛	結束	團束	拘束	束手無策
	(　　)	(　　)	(　　)	(　　)	(　　)
묶을 속	木부 3획 ① 묶다 ② 묶음 ③ 약속하다				

首	首席	首相	首領	船首	首尾一貫
	(　　)	(　　)	(　　)	(　　)	(　　)
머리 수	首부 0획 ① 머리 ② 첫머리 ③ 우두머리				

宿	宿題	宿所	宿命	宿泊	風餐露宿
	(　　)	(　　)	(　　)	(　　)	(　　)
잘 숙 별자리 수	宀부 8획 ① 묵다 ② 오래다 ③ 별자리				

順	順序	順理	順應	耳順	名正言順
	(　　)	(　　)	(　　)	(　　)	(　　)
순할 순	頁부 3획 ① 순하다 ② 좇다 ③ 잇다				

示	示威	示範	明示	暗示	微示其意
	(　　)	(　　)	(　　)	(　　)	(　　)
보일 시	示부 0획 ① 보이다 ② 가르치다 ③ 알리다				

識	知識	常識	認識	標識	寡聞淺識
	(　　)	(　　)	(　　)	(　　)	(　　)
알 식 기록할 지	言부 12획 ① 알다 ② 적다 ③ 표지				

臣	臣下	使臣	忠臣	功臣	君臣有義
	(　　)	(　　)	(　　)	(　　)	(　　)
신하 신	臣부 0획 ① 신하 ② 섬기다 ③ 거느리다				

實	實驗	實情	實施	眞實	實事求是
	( )	( )	( )	( )	( )
열매 실	宀부 11획 ① 열매 ② 실하다 ③ 실행하다				

兒	兒童	幼兒	育兒	迷兒	熱血男兒
	( )	( )	( )	( )	( )
아이 아	儿부 6획 ① 아이 ② 연약하다				

惡	惡化	惡臭	惡意	惡寒	勸善懲惡
	( )	( )	( )	( )	( )
악할 악 미워할 오	心부 8획 ① 악하다 ② 사납다 ③ 미워하다				

案	案內	答案	法案	妙案	螢窓雪案
	( )	( )	( )	( )	( )
책상 안	木부 6획 ① 책상 ② 밥상 ③ 생각하다				

約	約束	約定	協約	違約	百年佳約
	( )	( )	( )	( )	( )
맺을 약	糸부 3획 ① 묶다 ② 약속하다 ③ 신표(信標)				

養	養成	養子	養育	養老	培養英才
	( )	( )	( )	( )	( )
기를 양	食부 6획 ① 기르다 ② 사육하다 ③ 봉양하다				

魚	魚種	魚物	魚腸	人魚	魚頭肉尾
	( )	( )	( )	( )	( )
물고기 어	魚부 0획 ① 고기 ② 고기잡이하다				

漁	漁場	漁村	漁具	漁船	漁父之利
	(　　)	(　　)	(　　)	(　　)	(　　)
고기 잡을 어	氵부 11획 ① 고기를 잡다 ② 고기잡이 ③ 어부				

億	億萬	億臺	億兆	數億	億萬蒼生
	(　　)	(　　)	(　　)	(　　)	(　　)
억 억	亻부 13획 ① 억 ② 편안하다 ③ 헤아리다				

熱	熱情	熱誠	熱意	熱氣	以熱治熱
	(　　)	(　　)	(　　)	(　　)	(　　)
더울 열	灬부 11획 ① 덥다 ② 더워지다 ③ 열				

葉	葉書	葉錢	初葉	落葉	金枝玉葉
	(　　)	(　　)	(　　)	(　　)	(　　)
잎 엽	艹부 9획 ① 잎 ② 갈래 ③ 땅 이름				

屋	屋外	屋塔	韓屋	社屋	三間草屋
	(　　)	(　　)	(　　)	(　　)	(　　)
집 옥	尸부 6획 ① 집 ② 지붕				

完	完全	完納	完了	完治	完如盤石
	(　　)	(　　)	(　　)	(　　)	(　　)
완전할 완	宀부 4획 ① 완전하다 ② 완전하게 하다 ③ 단단하다				

要	要素	要請	要點	必要	要領不得
	(　　)	(　　)	(　　)	(　　)	(　　)
구할 요	襾부 3획 ① 구하다 ② 원하다 ③ 얻다				

曜	曜日	日曜	曜靈	九曜	日曜作家
	(　　)	(　　)	(　　)	(　　)	(　　)
빛날 요	日부 14획 ① 빛나다 ② 빛 ③ 빛내다				

浴	浴室	浴湯	沐浴	坐浴	浴沂之樂
	(　　)	(　　)	(　　)	(　　)	(　　)
목욕할 욕	氵부 7획 ① 목욕하다 ② 미역 ③ 입다				

牛	牛乳	牛馬	牛黃	韓牛	牛耳讀經
	(　　)	(　　)	(　　)	(　　)	(　　)
소 우	牛부 0획 ① 소 ② 무릅쓰다 ③ 별 이름				

友	友情	友好	友邦	學友	朋友有信
	(　　)	(　　)	(　　)	(　　)	(　　)
벗 우	又부 2획 ① 벗 ② 벗하다 ③ 우애				

雨	雨水	雨衣	降雨	穀雨	雨後竹筍
	(　　)	(　　)	(　　)	(　　)	(　　)
비 우	雨부 0획 ① 비 ② 비가 오다 ③ 적시다				

雲	雲霧	戰雲	風雲	雲集	雲雨之情
	(　　)	(　　)	(　　)	(　　)	(　　)
구름 운	雨부 4획 ① 구름 ② 습기 ③ 많음의 비유				

雄	雄辯	雄飛	雌雄	聖雄	群雄割據
	(　　)	(　　)	(　　)	(　　)	(　　)
수컷 웅	隹부 4획 ① 수컷 ② 이기다 ③ 우수하다				

元	元來	元年	還元	元旦	開通元寶
	( )	( )	( )	( )	( )
으뜸 원	儿부 2획 ① 으뜸 ② 근원 ③ 크다				

院	院長	院兒	病院	學院	育英公院
	( )	( )	( )	( )	( )
집 원	阝(阜)부 7획 ① 집 ② 단단하다 ③ 동산				

原	原理	原論	原料	原作	原則論者
	( )	( )	( )	( )	( )
언덕 원	厂부 8획 ① 언덕 ② 근원 ③ 찾다				

願	哀願	祝願	發願	請願	平生之願
	( )	( )	( )	( )	( )
원할 원	頁부 10획 ① 원하다 ② 부러워하다 ③ 소원				

位	位置	位相	職位	學位	尸位素餐
	( )	( )	( )	( )	( )
자리 위	亻부 5획 ① 자리 ② 자리 잡다 ③ 지위				

偉	偉業	偉容	偉大	偉容	偉人傳記
	( )	( )	( )	( )	( )
클 위	亻부 9획 ① 거룩하다 ② 크다 ③ 성하다				

以	以上	以前	以後	所以	以心傳心
	( )	( )	( )	( )	( )
써 이	人부 3획 ① ~으로써 ② 하다 ③ 거느리다				

耳	耳順	耳鳴	耳痛	耳管	耳目口鼻
	(　　　)	(　　　)	(　　　)	(　　　)	(　　　　)
귀 이	耳부 0획 ① 귀 ② 듣다 ③ 귀에 익다				

因	因緣	死因	敗因	原因	因果應報
	(　　　)	(　　　)	(　　　)	(　　　)	(　　　　)
인할 인	口부 3획 ① 인하다 ② 말미암다 ③ 의지하다				

任	任務	任期	退任	責任	萬里之任
	(　　　)	(　　　)	(　　　)	(　　　)	(　　　　)
맡길 임	亻부 4획 ① 맡기다 ② 맞다 ③ 마음대로 하다				

材	材料	材質	教材	資材	將相之材
	(　　　)	(　　　)	(　　　)	(　　　)	(　　　　)
재목 재	木부 3획 ① 재목 ② 원료 ③ 성질				

財	財産	財物	財務	蓄財	公共之財
	(　　　)	(　　　)	(　　　)	(　　　)	(　　　　)
재물 재	貝부 3획 ① 재물 ② 녹(祿) ③ 마르다				

再	再起	再發	再現	再修	再三再四
	(　　　)	(　　　)	(　　　)	(　　　)	(　　　　)
두 재	冂부 4획 ① 둘 ② 거듭하다				

災	災害	災殃	災難	産災	舞馬之災
	(　　　)	(　　　)	(　　　)	(　　　)	(　　　　)
재앙 재	火부 3획 ① 재앙 ② 응징하다 ③ 해치다				

爭	爭點	爭取	鬪爭	競爭	犬免之爭
	( )	( )	( )	( )	( )
다툴 쟁	爫부 4획 ① 다투다 ② 소송하다				

貯	貯蓄	貯金	貯藏	貯水	貯藏能力
	( )	( )	( )	( )	( )
쌓을 저	貝부 5획 ① 쌓다 ② 두다 ③ 가게				

赤	赤子	赤色	赤旗	赤貧	近朱者赤
	( )	( )	( )	( )	( )
붉을 적	赤부 0획 ① 붉다 ② 발가숭이 ③ 비다				

的	的中	目的	私的	病的	非正常的
	( )	( )	( )	( )	( )
과녁 적	白부 3획 ① 과녁 ② 표준 ③ 요점				

典	典型	古典	典例	祝典	經國大典
	( )	( )	( )	( )	( )
법 전	八부 6획 ① 법 ② 책 ③ 가르치다				

展	展望	展開	展示	進展	展覽會場
	( )	( )	( )	( )	( )
펼 전	尸부 7획 ① 펴다 ② 늘이다 ③ 중히 여기다				

傳	傳統	傳達	傳說	傳乘	父傳子傳
	( )	( )	( )	( )	( )
전할 전	亻부 11획 ① 전하다 ② 이어받다 ③ 전기(傳記)				

切	切斷	切下	一切	親切	帝王切開
	(　　)	(　　)	(　　)	(　　)	(　　)
끊을 절 모두 체	刀부 2획 ① 끊다 ② 갈다 ③ 적절하다				

節	節次	節氣	節減	節約	禮儀凡節
	(　　)	(　　)	(　　)	(　　)	(　　)
마디 절	竹부 9획 ① 마디 ② 절개 ③ 규칙				

店	店員	支店	書店	商店	店頭裝飾
	(　　)	(　　)	(　　)	(　　)	(　　)
가게 점	广부 5획 ① 가게 ② 여관				

停	停止	停年	停電	停戰	人命不停
	(　　)	(　　)	(　　)	(　　)	(　　)
머무를 정	亻부 9획 ① 머무르다 ② 멈추다 ③ 그만두다				

情	情報	情況	友情	感情	人之常情
	(　　)	(　　)	(　　)	(　　)	(　　)
뜻 정	忄부 8획 ① 뜻 ② 욕심 ③ 바람				

調	調和	調節	調理	語調	時節歌調
	(　　)	(　　)	(　　)	(　　)	(　　)
고를 조	言부 8획 ① 고르다 ② 뽑다 ③ 아침				

操	操作	操縱	操心	志操	操弄國柄
	(　　)	(　　)	(　　)	(　　)	(　　)
잡을 조	扌부 13획 ① 잡다 ② 부리다 ③ 절조				

卒	卒業	卒兵	卒年	軍卒	烏合之卒
	( )	( )	( )	( )	( )
마칠 졸	十부 6획 ① 군사 ② 하인 ③ 죽다				

終	終了	終結	終末	終身	堅忍至終
	( )	( )	( )	( )	( )
마칠 종	糸부 5획 ① 끝나다 ② 죽다 ③ 마침내				

種	種類	種族	滅種	特種	種豆得豆
	( )	( )	( )	( )	( )
씨 종	禾부 9획 ① 씨 ② 심다 ③ 갖가지				

罪	罪囚	罪惡	有罪	犯罪	有錢無罪
	( )	( )	( )	( )	( )
허물 죄	罒부 8획 ① 허물 ② 형벌 ③ 벌주다				

州	州縣	忠州	淸州	濟州	公州山城
	( )	( )	( )	( )	( )
고을 주	川부 3획 ① 고을 ② 마을 ③ 나라				

週	週末	週刊	週間	週期	週五日制
	( )	( )	( )	( )	( )
돌 주	辶부 8획 ① 돌다 ② 주일 ③ 요일				

止	禁止	防止	制止	停止	行動擧止
	( )	( )	( )	( )	( )
그칠 지	止부 4획 ① 그치다 ② 금하다 ③ 붙들다				

知	知識 (　　)	知能 (　　)	知覺 (　　)	知性 (　　)	知行一致 (　　)
알 지	矢부 3획 ① 알다 ② 인정하다 ③ 슬기				

質	質問 (　　)	體質 (　　)	性質 (　　)	低質 (　　)	文質彬彬 (　　)
바탕 질	貝부 8획 ① 바탕 ② 진실 ③ 순박하다				

着	着用 (　　)	着陸 (　　)	執着 (　　)	定着 (　　)	自家撞着 (　　)
붙을 착	目부 7획 ① 붙다 ② 입다 ③ 놓다				

參	參與 (　　)	參加 (　　)	參考 (　　)	參拾 (　　)	亦參其中 (　　)
참가할 참 석 삼	厶부 9획 ① 참여하다 ② 헤아리다 ③ 셋				

唱	唱歌 (　　)	唱法 (　　)	合唱 (　　)	名唱 (　　)	萬歲三唱 (　　)
부를 창	口부 8획 ① 부르다 ② 노래				

責	責任 (　　)	責務 (　　)	問責 (　　)	叱責 (　　)	無情之責 (　　)
꾸짖을 책	貝부 4획 ① 꾸짖다 ② 책임 ③ 책망				

鐵	鐵道 (　　)	鐵絲 (　　)	鐵門 (　　)	鐵路 (　　)	鐵面皮漢 (　　)
쇠 철	金부 13획 ① 쇠 ② 검다 ③ 단단하다				

初	初期	初代	初步	始初	自初至終
	( )	( )	( )	( )	( )
처음 초	刀부 5획 ① 처음 ② 첫 ③ 비로소				

最	最近	最高	最善	最後	最小限度
	( )	( )	( )	( )	( )
가장 최	曰부 8획 ① 가장 ② 모두 ③ 최상				

祝	祝祭	祝賀	祝福	慶祝	仰天祝手
	( )	( )	( )	( )	( )
빌 축	示부 5획 ① 빌다 ② 원하다 ③ 축하하다				

充	充電	充當	充滿	充血	汗牛充棟
	( )	( )	( )	( )	( )
채울 충	儿부 4획 ① 차다 ② 채우다 ③ 막다				

致	致誠	致仕	理致	景致	無力所致
	( )	( )	( )	( )	( )
이룰 치	至부 4획 ① 이루다 ② 이르다 ③ 극치				

則	法則	學則	反則	罰則	六何原則
	( )	( )	( )	( )	( )
법칙 칙 곧 즉	刂부 7획 ① 법 ② 본받다 ③ 모범으로 삼다				

他	他者	他國	他律	利他	他山之石
	( )	( )	( )	( )	( )
다를 타	亻부 3획 ① 다르다 ② 겹치다 ③ 타인				

打	打開 ( )	打席 ( )	打擊 ( )	强打 ( )	縛之打之 ( )
칠 타	扌부 2획 ① 치다 ② 공격하다 ③ 공을 차다				

卓	卓子 ( )	卓球 ( )	圓卓 ( )	食卓 ( )	卓上空論 ( )
높을 탁	十부 6획 ① 높다 ② 뛰어나다 ③ 탁자				

炭	炭素 ( )	炭鑛 ( )	石炭 ( )	煉炭 ( )	氷炭之間 ( )
숯 탄	火부 5획 ① 숯 ② 재 ③ 탄소				

宅	宅配 ( )	家宅 ( )	宅內 ( )	貴宅 ( )	寸田尺宅 ( )
집 택 댁 댁	宀부 3획 ① 대지 ② 정하다 ③ 무덤				

板	板子 ( )	板本 ( )	氷板 ( )	登板 ( )	如印一板 ( )
널빤지 판	木부 4획 ① 널빤지 ② 판목(板木)				

敗	敗因 ( )	敗戰 ( )	腐敗 ( )	成敗 ( )	亡徵敗兆 ( )
패할 패	攵부 7획 ① 패하다 ② 망하다 ③ 썩다				

品	品質 ( )	品目 ( )	物品 ( )	作品 ( )	九品淨土 ( )
물건 품	口부 6획 ① 물건 ② 등급 ③ 등급을 매기다				

必	必要	必須	必然	必勝	事必歸正
	(　　)	(　　)	(　　)	(　　)	(　　)
반드시 필	心부 1획 ① 반드시 ② 기필하다 ③ 오로지				

筆	筆者	筆記	隨筆	代筆	一筆揮之
	(　　)	(　　)	(　　)	(　　)	(　　)
붓 필	竹부 6획 ① 붓 ② 쓰다 ③ 글씨				

河	河川	河馬	氷河	大河	百年河清
	(　　)	(　　)	(　　)	(　　)	(　　)
강 이름 하	氵부 5획 ① 강 이름 ② 내 ③ 황하(黃河)				

寒	寒波	寒食	寒冷	惡寒	孤枕寒燈
	(　　)	(　　)	(　　)	(　　)	(　　)
찰 한	宀부 9획 ① 차다 ② 오싹하다 ③ 가난하다				

害	害惡	損害	傷害	妨害	百害無益
	(　　)	(　　)	(　　)	(　　)	(　　)
해칠 해	宀부 7획 ① 해치다 ② 손해 ③ 시기하다				

許	許可	許容	特許	免許	豫測不許
	(　　)	(　　)	(　　)	(　　)	(　　)
허락할 허	言부 4획 ① 허락하다 ② 따르다 ③ 약속하다				

湖	湖水	湖畔	湖南	湖海	江湖煙波
	(　　)	(　　)	(　　)	(　　)	(　　)
호수 호	氵부 9획 ① 호수				

化	化學 (　　　)	化粧 (　　　)	强化 (　　　)	深化 (　　　)	千變萬化 (　　　)
될 화	匕부 2획 ① 화하다 ② 가르치다 ③ 태어나다				

患	患者 (　　　)	患部 (　　　)	疾患 (　　　)	病患 (　　　)	內憂外患 (　　　)
근심 환	心부 7획 ① 근심 ② 근심하다 ③ 앓다				

效	效果 (　　　)	效率 (　　　)	效驗 (　　　)	特效 (　　　)	百藥無效 (　　　)
본받을 효	攵부 6획 ① 본받다 ② 주다 ③ 드리다				

凶	凶年 (　　　)	凶器 (　　　)	凶物 (　　　)	吉凶 (　　　)	奸凶計毒 (　　　)
흉할 흉	凵부 2획 ① 흉하다 ② 재앙 ③ 흉년				

黑	黑字 (　　　)	黑色 (　　　)	黑點 (　　　)	暗黑 (　　　)	近墨者黑 (　　　)
검을 흑	黑부 0획 ① 검다 ② 검은빛 ③ 검게 되다				

제2장

약자와 속자

1. 약자와 속자의 이해

한자는 하나의 글자가 正字體(정자체)로 이루어져 있으며, 이것은 중국에서 간행한 『康熙字典(강희자전)』의 字體(자체)를 기본으로 한다. 그리고 본래의 정자체에서 획 일부를 생략하여 쉽고 간략하게 쓴 略字(약자), 관습적으로 쓰던 본래의 글자에서 획을 변형하여 쓴 글자인 俗字(속자)가 파생되어 나왔다.

2. 정자별 약자 및 속자

정자	훈음	약자 속자	정자	훈음	약자 속자	정자	훈음	약자 속자
價	값 가	価	來	올 래	来	圍	둘레 위	囲
假	거짓 가	仮	兩	두 량	両	貳	두 이	弐

覺	깨달을 각	覚	歷	지날 력	歴	刃	칼날 인	刄
崗	언덕 강	岡	戀	사모할 련	恋	壹	한 일	壱
強	강할 강	强	禮	예도 례	礼	鵲	까치 작	鹊
個	낱개 개	箇	勞	일할 로	労	殘	해칠 잔	残
蓋	덮을 개	盖	龍	용 룡	竜	潛	잠길 잠	潜
擧	들 거	挙	樓	다락 루	楼	雜	섞일 잡	雑
檢	검사할 검	検	萬	일만 만	万	裝	꾸밀 장	装
劍	칼 검	剣	滿	찰 만	満	狀	문서 장	状
缺	이지러질 결	欠	賣	팔 매	売	轉	구를 전	転
經	지날 경	経	發	필 발	発	點	점 점	点
繼	이을 계	継	柏	잣나무 백	栢	靜	고요할 정	静
關	빗장 관	関	變	변할 변	変	齊	제나라 제	斉
觀	볼 관	観	竝	나란할 병	並	濟	물 건널 제	済
廣	넓을 광	広	幷	아우를 병	并	劑	약제 제	剤
區	지경 구	区	寶	보배 보	宝	條	가지 조	条
驅	몰 구	駆	佛	부처 불	仏	鑄	쇠 불릴 주	鋳
舊	옛 구	旧	辭	말씀 사	辞	證	증거 증	証
龜	거북 귀	亀	寫	베낄 사	写	遲	더딜 지	遅
國	나라 국	国	狀	모양 상	状	盡	다할 진	尽
權	권세 권	権	釋	풀 석	釈	贊	도울 찬	賛
氣	기운 기	気	聲	소리 성	声	踐	밟을 천	践
斷	끊을 단	断	數	셈 수	数	賤	천할 천	賎
單	홑 단	単	壽	목숨 수	寿	鐵	쇠 철	鉄
團	둥글 단	団	濕	습할 습	湿	廳	관청 청	庁
擔	멜 담	担	實	열매 실	実	觸	닿을 촉	触

當	마땅할 당	当	雙	쌍 쌍	双	總	거느릴 총	総
黨	무리 당	党	亞	버금 아	亜	稱	일컬을 칭	称
對	대할 대	対	壓	누를 압	庄	擇	가릴 택	択
臺	대 대	台	餘	남을 여	余	虛	빌 허	虚
圖	그림 도	図	與	더불 여	与	驗	시험 험	験
讀	읽을 독	読	譯	번역할 역	訳	螢	반딧불 형	蛍
獨	홀로 독	独	譽	기릴 예	誉	擴	넓힐 확	拡
亂	어지러울 란	乱	豫	미리 예	予	橫	가로 횡	横
覽	볼 람	覧	爲	할 위	為	曉	새벽 효	暁

겸애
1.4×3.3×5.4cm

제3장

상식 한자어

1. 속담 한자어

1	가는 말이 고와야 오는 말이 곱다	去語固美, 來語方好 來語不美, 去語何美
2	같은 값이면 다홍치마	同價紅裳
3	계란으로 바위 치기	以卵投石
4	고래 싸움에 새우 등 터진다	鯨戰蝦死
5	그림의 떡	畵中之餠
6	까마귀 날자 배 떨어진다	烏飛梨落
7	낫 놓고 기역 자도 모른다	目不識丁
8	내 코가 석 자다	吾鼻三尺
9	달리는 말에 채찍질하기	走馬加鞭
10	등잔 밑이 어둡다	燈下不明

11	말이 말 같지 않다	語不成說
12	말 타고 산 보기	走馬看山
13	모기 보고 칼 빼 든다	見蚊拔劍
14	발 없는 말이 천 리 간다	言飛千里
15	세 살 버릇 여든까지 간다	三歲之習, 至于八十
16	새 발의 피	鳥足之血
17	쇠 귀에 경 읽기	牛耳讀經
18	아랫돌 빼서 윗돌 괴고, 윗돌 빼서 아랫돌 괴기	下石上臺
19	아 다르고 어 다르다	於異阿異
20	언 발에 오줌 누기	凍足放尿
21	외손뼉이 소리 나랴	孤掌難鳴
22	우물 안 개구리	井底之蛙
23	윗물이 맑아야 아랫물이 맑다	上濁下不淸
24	이미 지나간 일	已往之事
25	일각이 삼추 같다	一刻(如)三秋
26	일은 반드시 바름으로 돌아온다	事必歸正
27	입이 열 개라도 할 말이 없다	有口無言
28	티끌 모아 태산이다	塵合泰山
29	손님이 도리어 주인 노릇 한다	客反爲主
30	갈치가 갈치 꼬리 문다	同族相殘
31	고생 끝에 낙이 온다	苦盡甘來
32	고양이 목에 방울 달기	猫頭懸鈴
33	귀에 걸면 귀걸이, 코에 걸면 코걸이	耳懸鈴鼻懸鈴
34	남이 친 장단에 궁둥이춤 춘다	附和雷同
35	누워서 떡 먹기	囊中取物

36	눈 가리고 아웅 한다	姑息之計
37	대청 빌려주니 안방 빌리자고 한다	借廳借閨
38	불면 꺼질까 쥐면 터질까	金枝玉葉
39	비단옷 입고 밤길 가기	錦衣夜行
40	서당 개 삼 년에 풍월을 읊는다	堂狗風月
41	소 잃고 외양간 고친다	亡羊補牢
42	손도 안 대고 코 풀려고 한다	守株待兎
43	십 년이면 강산도 변한다	桑田碧海
44	엎친 데 덮친 격	雪上加霜
45	원님 덕에 나팔 분다	狐假虎威
46	임도 보고 뽕도 따고	一擧兩得
47	입술이 없으면 이가 시리다	脣亡齒寒
48	자라 보고 놀란 가슴 솥뚜껑 보고 놀란다	吳牛喘月
49	제 논에 물 대기	我田引水
50	홀아비 사정은 과부가 안다	同病相憐
51	말 속에 뼈가 있다	言中有骨
52	죽은 자식 나이 세기	亡子計齒
53	발 없는 말이 천 리 간다	言飛千里
54	하룻강아지 범 무서운 줄 모른다	一日之狗, 不知畏虎
55	열 길 물 속은 알아도 한 길 사람 속은 모른다	水深可知, 人心難知
56	남의 잔치에 배 놓아라 감 놓아라 한다	他人之宴, 曰梨曰柿
57	말 타면 종 부리고 싶다	騎馬欲率奴
58	말 속에 뼈가 있다	言中有骨
59	한강에 돌 던지기	漢江投石
60	겉 다르고 속 다르다	面從腹背

2. 동자 이음어

同字異音(동자이음)의 한자는 하나의 한자가 두 개 이상의 음으로 발음되는 한자를 말한다. 이 글자들은 보통 수험용 한자로 그 양이 많지 않으며, 특히 作名(작명)을 할 때에는 혼동을 불러오는 경우가 있기 때문에 좀 더 주의가 要求(요구)되는 한자들이다.

한자	훈음	한자어	한자	훈음	한자어
降	(강)내리다	降雪(　　　)	見	(견)보다	識見(　　　)
	(항)항복하다	降伏(　　　)		(현)뵙다	謁見(　　　)
更	(갱)다시	更生(　　　)	金	(금)쇠	金銀(　　　)
	(경)고치다	更新(　　　)		(김)성	金氏(　　　)
內	(내)안	內部(　　　)	度	(도)법도	制度(　　　)
	(나)나인	內人(　　　)		(탁)헤아리다	度地(　　　)
洞	(동)고을	洞里(　　　)	率	(솔)거느리다	統率(　　　)
	(통)꿰뚫다	洞察(　　　)		(율/률)비율	比率(　　　)
復	(부)다시	復活(　　　)	否	(부)아니다	否認(　　　)
	(복)회복하다	光復(　　　)		(비)막히다	否運(　　　)
北	(북)북녘	北極(　　　)	殺	(살)죽이다	殺生(　　　)
	(배)달아나다	敗北(　　　)		(쇄)빠르다	殺到(　　　)
參	(참)참여하다	參加(　　　)	狀	(장)문서	賞狀(　　　)
	(삼)석	參拾(　　　)		(상)모양	狀態(　　　)
塞	(새)변방	要塞(　　　)	省	(성)살피다	反省(　　　)
	(색)막다	閉塞(　　　)		(생)줄이다	省略(　　　)
拾	(십)열	拾萬(　　　)	食	(식)밥	飮食(　　　)
	(습)줍다	拾得(　　　)		(사)먹다	蔬食(　　　)

識	(식)알다	知識(　　　)	惡	(악)악하다	惡漢(　　　)
	(지)표지	標識(　　　)		(오)미워하다	憎惡(　　　)
易	(이)쉽다	容易(　　　)	索	(색)찾다	索引(　　　)
	(역)바꾸다	交易(　　　)		(삭)쓸쓸하다	索漠(　　　)
切	(체)모두	一切(　　　)	則	(즉)곧	然則(　　　)
	(절)끊다	懇切(　　　)		(칙)법	規則(　　　)
沈	(침)잠기다	沈沒(　　　)	便	(변)똥오줌	便所(　　　)
	(심)성씨	沈氏(　　　)		(편)편리하다	便利(　　　)
行	(행)다니다	步行(　　　)	滑	(활)미끄럽다	滑走(　　　)
	(항)항렬	行列(　　　)		(골)어지럽다	滑稽(　　　)
龜	(구)거북	龜浦(　　　)	樂	(락)즐겁다	快樂(　　　)
	(귀)거북	龜鑑(　　　)		(악)음악	音樂(　　　)
	(균)터지다	龜裂(　　　)		(요)좋아하다	樂山樂水(　　　)
說	(설)말씀	說明(　　　)	數	(수)셈	數詞(　　　)
	(열)기쁘다	不亦說乎(　　　)		(삭)자주	數數(　　　)
	(세)유세하다	遊說(　　　)		(촉)촘촘하다	數罟(　　　)

※ 단어에 따라서 음이 달라지는 한자

한자	훈음	한자어	한자	훈음	한자어
車	(거)수레	車馬	宅	(택)집	宅配
	(차)수레, 차	停車		(댁)집	宅內
茶	(다)차	茶房	暴	(포)사납다	暴惡
	(차)차	綠茶		(폭)사납다	暴力

3. 유의어와 반의어

1) 유의어

- 改良(개량) - 改善(　　　)
- 九泉(구천) - 黃泉(　　　)
- 誠意(성의) - 眞心(　　　)
- 永遠(영원) - 永久(　　　)
- 志願(지원) - 志望(　　　)
- 招待(초대) - 招請(　　　)
- 許可(허가) - 認可(　　　)
- 他界(타계) - 永眠(　　　)
- 說明(설명) - 解說(　　　)
- 命中(명중) - 的中(　　　)
- 加工(가공) - 人工(　　　)
- 家屋(가옥) - 屋舍(　　　)
- 達成(달성) - 成就(　　　)
- 外觀(외관) - 外見(　　　)
- 原因(원인) - 理由(　　　)
- 始祖(시조) - 鼻祖(　　　)
- 進退(진퇴) - 去就(　　　)
- 未開(미개) - 原始(　　　)
- 平素(평소) - 平常(　　　)
- 決心(결심) - 覺悟(　　　)
- 當到(당도) - 到達(　　　)
- 領域(영역) - 分野(　　　)
- 固守(고수) - 墨守(　　　)
- 古稀(고희) - 從心(　　　)
- 求婚(구혼) - 請婚(　　　)
- 曲解(곡해) - 誤解(　　　)
- 根幹(근간) - 基礎(　　　)
- 器量(기량) - 才能(　　　)
- 管見(관견) - 短見(　　　)
- 短命(단명) - 薄命(　　　)
- 待遇(대우) - 處遇(　　　)
- 晩年(만년) - 老年(　　　)
- 傍觀(방관) - 坐視(　　　)
- 模範(모범) - 龜鑑(　　　)
- 反逆(반역) - 謀反(　　　)
- 凡夫(범부) - 俗人(　　　)
- 普遍(보편) - 一般(　　　)
- 昇進(승진) - 榮轉(　　　)
- 我軍(아군) - 友軍(　　　)
- 所望(소망) - 念願(　　　)
- 散策(산책) - 散步(　　　)
- 同意(동의) - 贊成(　　　)
- 零落(영락) - 衰落(　　　)
- 運送(운송) - 通運(　　　)

- 留級(유급) - 落第(   )
- 尊稱(존칭) - 敬稱(   )
- 脅迫(협박) - 威脅(   )
- 劃一(획일) - 一律(   )
- 任意(임의) - 恣意(   )
- 倫理(윤리) - 道德(   )
- 丹粧(단장) - 化粧(   )
- 承諾(승낙) - 許諾(   )
- 强風(강풍) - 猛風(   )
- 鼓吹(고취) - 鼓舞(   )
- 狀況(상황) - 情勢(   )
- 勞作(노작) - 力作(   )
- 旅館(여관) - 客舍(   )
- 喜樂(희락) - 喜悅(   )
- 緩急(완급) - 遲速(   )
- 蒼空(창공) - 碧空(   )
- 滯佛(체불) - 滯納(   )
- 情趣(정취) - 風情(   )
- 操心(조심) - 注意(   )
- 抱負(포부) - 雄志(   )
- 贊反(찬반) - 可否(   )
- 評論(평론) - 批評(   )
- 維新(유신) - 革新(   )
- 氣品(기품) - 品格(   )
- 武術(무술) - 武藝(   )
- 首尾(수미) - 始終(   )
- 貢獻(공헌) - 寄與(   )
- 發端(발단) - 始作(   )
- 白眉(백미) - 壓卷(   )
- 大河(대하) - 長江(   )
- 美酒(미주) - 佳酒(   )
- 幼稚(유치) - 未熟(   )
- 幣物(폐물) - 禮物(   )
- 統領(통령) - 統率(   )
- 治粧(치장) - 裝飾(   )
- 贊助(찬조) - 協贊(   )

2) 반의어

- 反對(반대) - 贊成(   )
- 別居(별거) - 同居(   )
- 背恩(배은) - 報恩(   )
- 本業(본업) - 副業(   )
- 否定(부정) - 肯定(   )
- 薄德(박덕) - 厚德(   )
- 發達(발달) - 退步(   )
- 放心(방심) - 操心(   )
- 不實(부실) - 充實(   )
- 複雜(복잡) - 單純(   )

- 分離(분리) - 統合( )
- 保守(보수) - 革新( )
- 背信(배신) - 報答( )
- 防禦(방어) - 攻擊( )
- 普遍(보편) - 特殊( )
- 肯定(긍정) - 否定( )
- 同情(동정) - 憎惡( )
- 慢性(만성) - 急性( )
- 朗讀(낭독) - 默讀( )
- 樂觀(낙관) - 悲觀( )
- 內容(내용) - 形式( )
- 當選(당선) - 落選( )
- 懦弱(나약) - 健康( )
- 煖房(난방) - 冷房( )
- 濃厚(농후) - 稀薄( )
- 老鍊(노련) - 未熟( )
- 樂天(낙천) - 厭世( )
- 單式(단식) - 複式( )
- 加重(가중) - 輕減( )
- 固定(고정) - 流動( )
- 登場(등장) - 退場( )
- 密集(밀집) - 散在( )
- 先天(선천) - 後天( )
- 勝利(승리) - 敗北( )
- 永久(영구) - 限時( )
- 別館(별관) - 本館( )
- 發信(발신) - 受信( )
- 放出(방출) - 吸收( )
- 反目(반목) - 和睦( )
- 否認(부인) - 是認( )
- 唐慌(당황) - 沈着( )
- 得勢(득세) - 失權( )
- 訥辯(눌변) - 達辯( )
- 旣決(기결) - 未決( )
- 能動(능동) - 被動( )
- 單一(단일) - 複合( )
- 短縮(단축) - 延長( )
- 來生(내생) - 前生( )
- 緊張(긴장) - 弛緩( )
- 多元(다원) - 一元( )
- 吉兆(길조) - 凶兆( )
- 濫用(남용) - 節約( )
- 可決(가결) - 否決( )
- 空想(공상) - 現實( )
- 君子(군자) - 小人( )
- 物質(물질) - 精神( )
- 悲運(비운) - 幸運( )
- 相對(상대) - 絶對( )
- 順行(순행) - 逆行( )
- 依他(의타) - 自立( )

- 原因(원인) - 結果(　　　　)
- 正統(정통) - 異端(　　　　)
- 中止(중지) - 續行(　　　　)
- 往復(왕복) - 片道(　　　　)
- 暗示(암시) - 明示(　　　　)
- 悲哀(비애) - 歡喜(　　　　)
- 近視(근시) - 遠視(　　　　)
- 權利(권리) - 義務(　　　　)
- 客觀(객관) - 主觀(　　　　)
- 曲線(곡선) - 直線(　　　　)
- 遠洋(원양) - 近海(　　　　)
- 好材(호재) - 惡材(　　　　)
- 敵對(적대) - 友好(　　　　)
- 流浪(유랑) - 定着(　　　　)
- 人造(인조) - 天然(　　　　)
- 無能(무능) - 有能(　　　　)
- 旣決(기결) - 未決(　　　　)
- 凡常(범상) - 特異(　　　　)
- 個別(개별) - 全體(　　　　)
- 干涉(간섭) - 放任(　　　　)

4. 생활 한자어

1) 간지

干支는 10간과 12지를 말하며, 다른 말로 天干과 地支라고도 한다. 이는 동양적 세계관에서 비롯되었으며, 우주만물이 周易의 이치에 따라 순행함을 말한다. 10간은 날짜를 나타내며 陽의 대표인 하늘을 의미하기 때문에 '천간'이라고 하였고, 12지는 달수를 세기 위한 것이며 陰의 대표인 땅을 상징하기 때문에 '지지'라고 한 것이다.

천간은 역사 연도를 외울 때 편리하다. 예를 들어, 甲으로 시작하는 모든 연도는 그 끝자리가 '○○○4'이다. 甲申政變이 1884년, 甲午改革이 1894년인 것이 그 예이다. 다음에 乙로 시작하는 모든 연도는 끝자리가 '○○○5'이다. 乙未事變이 1985년, 乙巳保護條約이 1905년이다. 이런 식으로 순차적으로 해서 마지막 癸로 시작하는 연도는 그 끝자리가 '○○○3'이 되는 것이다.

지지는 時間을 나타내는 말이다. 현대는 24시간이 하루의 기준이지만, 예전에는 12지를 중심으로 하루를 12시간으로 나누었다. 子時가 23시부터 01시로 시작되고, 丑時부터 亥時까지 2시간씩 끊어 나가면 되는 것이다. 그리고 戌時를 다른 말로 初更, 또는 一更이라고도 한다. 更은 하룻밤을 총칭하는 말로 다섯으로 나누었고, 초경인 戌時부터 오경인 寅時까지를 말한다.

이러한 천간과 지지가 짝을 이루어서 60간지를 만든다. 甲子年을 시작으로 해서 癸亥年까지 모두 60개로 이루어져 있으며, 갑자년에 태어난 아이가 다시 새로운 갑자년을 맞이하게 되면 이를 回甲, 還甲이라고 하는 것이다.

天干									
甲	乙	丙	丁	戊	己	庚	辛	壬	癸
갑	을	병	정	무	기	경	신	임	계

地支											
子	丑	寅	卯	辰	巳	午	未	申	酉	戌	亥
자	축	인	묘	진	사	오	미	신	유	술	해
쥐	소	호랑이	토끼	용	뱀	말	양	원숭이	닭	개	돼지
23~01	01~03	03~05	05~07	07~09	09~11	11~13	13~15	15~17	17~19	19~21	21~23

2) 나이

예부터 각각의 나이에 따라 달리 부르는 別稱들이 많이 있다. 이는 옛 經典에서 유래된 것들이 대부분이거나, 한자의 俗字를 활용하여 이름을 만든 것이다. 별칭이 만들어진 이유는 전통적으로 사람의 나이, 특히 어른의 나이를 지칭할 때 恭敬心의 의미로 별칭을 쓰거나, 또는 고상한 문학적 표현 때문인 것이라 추측된다.

나이	한자	내용
1세	弄璋之慶(농장지경) 弄瓦之慶(농와지경)	예전에 아들을 낳으면 구슬[璋]을 가지고 논다[弄]는 뜻으로 '弄璋之慶(농장지경)'이라 하였고, 반대로 딸을 낳으면 실패[瓦]를 가지고 논다[弄]는 뜻으로 '弄瓦之慶(농와지경)'이라 하였다. 둘 다 자식을 낳은 기쁨과 즐거움을 표현한 말이다.
2~3세	提孩(제해)	'提(제)'는 손으로 안다는 뜻이고, '孩(해)'는 어린아이를 의미한다. 아기가 품 안에서 예쁘게 웃을 무렵의 나이를 말하며, '孩兒(해아)'라고도 하였다.
15세	志(于)學(지우학)	『논어』에 보면 공자가 '吾十有五而志于學(오십유오이지우학)'이라 하여, 열다섯 살에 학문[學]에 뜻[志]을 두었다고 한 것에서 유래하였다.
16세	破瓜(파과), 瓜年(과년)	'오이 瓜(과)'를 두 개로 깨뜨리면 '여덟 八(팔)' 두 개가 나와서 8+8=16이 되는데, 옛날에는 이 시기를 결혼 적령기로 보았다. '8×8'로 계산을 해서 64세를 '破瓜(파과)'라고도 한다.
20세	弱冠(약관), 芳年(방년)	『예기』에 보면, '20세는 부드럽고 약하며[弱], 관례[冠]를 하기 때문'에 스무 살을 '弱冠(약관)'이라고 하였다. 반면 여자의 나이는 20세 전후를 꽃같이 예쁜 시절이라고 해서 '芳年(방년)'이라고 한다.
30세	而立(이립)	『논어』에서 공자가 서른 살이 되면 자신이 품었던 뜻과 학문의 포부를 자립[而立]하여 굳게 세워야 한다고 말한 것에서 유래하였다.
40세	不惑(불혹)	『논어』에 '外物(외물)에 흔들리거나 미혹되지 않는[不惑] 나이'라고 하여 마흔을 '不惑(불혹)'이라고 하였다.
48세	桑年(상년)	'뽕나무 桑(상)'을 俗子(속자)로 쓰면 '열 十(십)' 네 개와 '여덟 八(팔)' 한 개가 나와서 모두 더하면 48이 된다.

50세	知(天)命	『논어』에 '나이 50세가 되면 세상의 이치를 깨달아 하늘의 명[天命]을 아는[知] 나이'라고 말한 데서 유래하였고, 줄여서 '知命'이라고도 한다.
60세	耳順	『논어』에 나이 육십이 되면 인생에 경륜이 쌓이고 성숙하여 천지만물에 통달하고, 남의 말을 잘 받아들일 정도로 귀[耳]가 순해진다[順]는 뜻에서 왔다.
61세	還甲, 回甲	태어난 해의 간지[甲]가 다시 돌아왔다[還]는 의미로, 간지에서 갑이 제일 처음에 나오기 때문에 간지의 대표격으로 갑을 사용였다.
62세	進甲	회갑[甲]에서 한 해 더 나아갔다[進]는 의미로, 만 61세를 말한다.
70세	古稀, 從心	杜甫의 시 「曲江」에 보면 '人生七十古來稀'라 하여 '사람의 생이 70까지 사는 것은 예부터 드물었다'에서 '古稀'라고 하였다. 그리고 『논어』에 '七十而從心所欲不踰矩'라 하여 70이 되면 마음에서 하고자 하는 대로 해도 법을 넘지 않았다는 데에서 70세를 '從心'이라고도 하는데, 현대는 '從心'보다 '古稀'를 더욱 많이 사용하는 추세이다.
71세	望八	팔십[八]을 바라보는[望] 나이라는 뜻이다.
77세	喜壽	'기쁠 喜'를 초서체로 쓰면 '七十七'과 모양이 비슷하다 하여 뒤에 '목숨 壽'를 붙여서 '喜壽'라고 하였다.
80세	八耋	'耋'은 '늙음[老]에 이르렀다[至]'는 뜻으로, 80세 노인을 말한다. 일면 '傘壽'라고도 하는데, '傘'의 속자가 '여덟 八' 밑에 '열 十'의 형태이기 때문에 붙여진 이름이다.
81세	望九	구십[九]을 바라보는[望] 나이라는 뜻이다.

88세	米壽(미수)	'쌀 米(미)'를 분해해 보면 '여덟 八(팔)' 두 개와 '열 十(십)' 한 개가 나와서 88세의 나이를 가리킨다.
90세	卒壽(졸수)	'마칠 卒(졸)'의 속자가 '아홉 九(구)' 밑에 '열 十(십)'의 형상이므로, 90세의 노인을 말한다.
91세	望百(망백)	백[百]을 바라보는[望] 나이라는 뜻이다.
99세	白壽(백수)	'일백 百(백)'에서 '한 一(일)'을 빼면 99[白]가 되기 때문이다.
100세	上壽(상수)	『장자』에 '人上壽百歲(인상수백세)(사람의 최상의 수명은 백 세이다)'라고 하였다.

3) 24절기

우리 조상은 계절의 변화를 보다 정확하게 알기 위하여 한 해를 스물네 개로 나누었는데, 이를 節氣(절기)라 한다. 절기는 해마다 조금씩 달라지며, 時令(시령), 節候(절후)라고 불리기도 한다.

월	절기	내용
1월	立春(입춘)	양력 2월 4일경으로, 1년 중 봄이 시작한다는 날이다. 가정에서는 악귀를 쫓기 위해 좋은 글귀를 써 붙이고, 마을에서는 입춘굿을 한다.
	雨水(우수)	양력 2월 19일경으로, 우수 무렵이면 날씨가 많이 풀리고 봄기운이 돋고 초목이 싹튼다. 우수는 눈이 녹아서 비나 물이 된다는 날이니, 곧 날씨가 풀린다는 뜻이다.
2월	驚蟄(경칩)	양력 3월 6일경으로, 겨울잠을 자던 동물들이 깨어나기 시작한다. 보리싹의 성장을 보고 그해 농사의 풍흉을 가늠한다.
	春分(춘분)	양력 3월 21일경으로, 낮과 밤의 시간이 같다. 흙을 일구고 씨뿌릴 준비를 하며, 꽃샘추위가 찾아온다.

3월	청명 淸明	양력 4월 6일경으로, 날씨가 맑고 화창해서 나무 심기에 적당한 시기이며, 보통 한식날과 겹친다.
	곡우 穀雨	양력 4월 20일경으로, 봄비가 내려 싹이 트고 농사를 시작한다. 나무에 물이 가장 많이 오르는 시기이므로 사람들은 곡우물을 먹으러 깊은 산이나 명산을 찾기도 한다.
4월	입하 立夏	양력 5월 5일경으로, 여름이 시작한다. 농작물이 자라기 시작하고, 해충과 잡초가 많아져 농가 일손이 바빠지는 때이다.
	소만 小滿	양력 5월 21일경으로, 햇볕이 가득하고 만물이 가득히 자라게 된다는 뜻으로 초여름 모내기가 시작된다.
5월	망종 芒種	양력 6월 6일경으로, 논보리나 벼 등 곡식의 씨를 뿌리는 시기이다. 모내기가 한창이며, 농사일이 가장 바쁜 시기이다.
	하지 夏至	양력 6월 21일경으로, 1년 중 낮 시간이 가장 길다. 햇감자가 나오며, 이때가 지날 때까지 비가 오지 않으면 기우제를 올리기도 한다.
6월	소서 小暑	양력 7월 7일경으로, 장마전선으로 인해 습도가 높고, 비가 많이 온다. 농사에 쓸 퇴비를 준비하고 논두렁에 잡초를 뽑는다.
	대서 大暑	양력 7월 23일경으로, 1년 중 가장 더운 때이다. 대부분 중복이 겹치며, 장마전선으로 인해 비가 자주 온다.
7월	입추 立秋	양력 8월 7일경으로, 가을이 시작되며 서늘한 바람이 분다. 농촌에서는 다소 한가하며, 김장용 무와 배추를 심는다.
	처서 處暑	양력 8월 23일경으로, 더위가 멈춘다는 뜻으로 논벼가 익는다. 이때부터 아침과 저녁으로 서늘해 일교차가 심해진다.
8월	백로 白露	양력 9월 8일경으로, 이슬 맺힌 것이 하얗게 보인다는 뜻이며, 완연한 가을 날씨이다. 장마가 끝나고 쾌청한 날씨가 계속되나, 때로는 늦은 태풍과 해일의 피해를 입기도 한다.
	추분 秋分	양력 9월 23일경으로, 춘분으로부터 꼭 반년째 되는 날이며, 낮과 밤의 길이가 똑같다. 논밭의 곡식을 거두어들이고, 채소와 산나물 등을 말려 두기도 한다.

월	절기	설명
9월	한로 寒露	양력 10월 8일경으로, 찬 이슬이 맺히기 시작하여 추수로 바쁜 시기이다. 예전에는 이때를 전후해 국화전을 지져 먹고, 국화술을 담갔으며, 茱萸(수유)를 머리에 꽂아 잡귀를 쫓았다.
	상강 霜降	양력 10월 23일경으로, 쾌청한 날씨가 계속되나 밤 기온은 서리가 내릴 정도로 춥다. 추수가 거의 끝나고, 동물들은 일찌감치 겨울잠에 들어간다.
10월	입동 立冬	양력 11월 7일경으로, 겨울이 시작되는 시기이다. 각 마을에서는 햇곡식으로 시루떡을 만들어 집안 곳곳에 놓으며, 가정에서는 이날을 기준으로 김장준비를 한다.
	소설 小雪	양력 11월 22일경으로, 땅이 얼기 시작하고 살얼음이 얼며, 차차 눈이 내리기 시작한다.
11월	대설 大雪	양력 12월 7일경으로, 눈이 많이 내리며, 예전부터 이날 눈이 많이 내리면 다음 해에는 풍년이 든다는 속설이 있다.
	동지 冬至	양력 12월 22일경으로, 1년 중 밤이 가장 길며, 추위도 점차 심해지기 시작한다. 이날 날씨가 따뜻하면 다음 해에 질병이 많고, 눈이 많이 오고 추우면 풍년이 들 것을 예상하기도 했다.
12월	소한 小寒	양력 1월 5일경으로, 이때를 기준으로 본격적으로 추워진다. '대한이 소한 집에 놀러 갔다가 얼어 죽었다'라는 말이 있듯이 1년 중 가장 춥다.
	대한 大寒	양력 1월 20일경으로, 겨울의 매듭을 짓는 절기로서 추위의 절정기이다. 소한에 얼었던 얼음이 대한에 녹을 정도로 따뜻한 해도 있으며, 이날 밤에 콩을 땅이나 마루에 뿌려서 악귀를 쫓아내고 새해를 맞이하는 풍습이 있다.

4) 경조문과 서식

우리는 살아가면서 많은 祝賀(축하)와 慰勞(위로)를 주고받는다. 慶弔文(경조문)은 慶文(경문)과 弔文(조문)을 합한 표현으로, 흔히 얘기하는 哀慶事(애경사)를 말한다. 結婚式(결혼식)이나 回甲宴(회갑연) 등의 축하 자리에서부터 初喪(초상)이나 事故(사고) 같은 위로의 자리, 작은 정성의 표현에까지 우리는 다양한 상황에 따라 필요한 書式(서식)을 정확히 알고 써야 한다.

結婚式(결혼식)	祝 結婚(축결혼), 祝 華婚(축화혼), 祝 成婚(축성혼), 祝 聖婚(축성혼), 祝儀(축의), 賀儀(하의)
初喪(초상)	賻儀(부의), 謹弔(근조), 弔儀(조의), 奠儀(전의), 香燭代(향촉대)
祝賀(축하)	祝 合格(축합격), 祝 當選(축당선), 祝 入選(축입선), 祝 發展(축발전), 祝 優勝(축우승), 祝 開業(축개업), 祝 榮轉(축영전)(祝 昇進(축승진)), 祝 就任(축취임)
生辰(생신)	祝 壽宴(축수연), 祝 壽筵(축수연), 祝儀(축의), 賀儀(하의)
謝禮(사례)	略禮(약례), 薄禮(박례), 薄謝(박사), 微衷(미충), 微意(미의), 微志(미지), 微誠(미성)

우리는 사회생활을 하면서 위와 같은 애경사를 비롯하여 편지 봉투를 써야 할 일들도 있다. 선생님이나 스승께 보내는 안부의 편지부터 부모님과 친구, 취업에 필요한 원서를 지원하는 것까지 우리는 우편물을 이용해 편지를 보내게 된다. 그럴 때 봉투에 쓰는 수신자 이름 아래에 붙는 호칭이 수신자에 따라 각각 다르기 때문에 이를 학습하는 것도 중요하다.

氏(씨)	받는 사람이 나이나 지위가 비슷한 경우에 쓸 수 있으나, 기본적 예의를 지키는 차원에서 거의 사용하지 않는다.
貴下(귀하)	상대방을 높여 부르는 말로, 일반적인 상황에서 가장 널리 쓰인다.

座下(좌하)	공경해야 할 어른이나 선생, 스승께 보내는 경우 사용한다.
貴中(귀중)	받는 사람이 일개인이 아니라 단체일 때 사용한다.
大兄(대형), 仁兄(인형), 雅兄(아형)	친하고 정다운 친구 사이를 높여서 부를 때 사용한다.
兄(형), 君(군)	보통은 아랫사람을 친근하게 가리킬 때 사용한다.
畵伯(화백)	예술하는 화가를 높여서 부를 때 사용한다.
親展(친전), 親破(친파)	다른 사람에게 보이지 않고, 오직 수신자만이 보라고 할 때 사용한다.
惠展(혜전)	'삼가 펴 보십시오'의 뜻이다.
女史(여사)	일반 부인에게 보낼 때 사용한다.
原稿在中(원고재중)	원고가 들어 있을 때 사용한다.
願書在中(원서재중)	지원서가 들어 있을 때 사용한다.
本家入納(본가입납)	본인이 본인의 집에 편지를 보낼 때 사용한다.

5. 주제별 한자성어

1. 진정한 친구를 사귀다	
간담상조 肝膽相照	간과 쓸개를 서로 보임. 서로 마음을 터놓고 사귐.
관포지교 管鮑之交	관중과 포숙의 우정처럼 아주 친한 친구 사이.
금란지계 金蘭之契 금란지교 金蘭之交	사이좋은 벗끼리 마음을 합하면 단단한 쇠도 자를 수 있음. 우정의 아름다움은 난의 향기와 같음.
단금지교 斷金之交	쇠붙이를 끊을 수 있을 만큼 단단한 교분. 친구 사이의 매우 두터운 우정.
막역지우 莫逆之友	서로의 뜻을 거스르지 않는 친한 친구.
문경지교 刎頸之交 문경지우 刎頸之友	서로 목숨을 내줘 죽음을 대신할 수 있을 만큼의 막역한 사이.
백아절현 伯牙絶絃 지음 知音	백아와 종자기의 고사로, 아주 절친한 친구 사이.
수어지교 水魚之交	물과 고기의 사귐. 매우 친밀하게 사귀어 떨어질 수 없는 사이.
죽마고우 竹馬故友	대나무로 만든 말을 타고 놀던 벗. 어릴 때부터 같이 놀며 자란 친한 친구.
지란지교 芝蘭之交	지초와 난초의 사귐. 벗 사이의 높고 맑은 사귐.
2. 마음에서 마음으로 서로 전하다	
교외별전 教外別傳	부처의 가르침을 말이나 글에 의하지 않고 바로 마음에서 마음으로 전하여 진리를 깨닫게 하는 법.
불립문자 不立文字	불도의 깨달음은 마음에서 마음으로 전하는 것이지 언어나 문자에 의지하지 않음.

심심상인 心心相印	마음과 마음에 서로를 새김.
염화미소 拈華微笑 염화시중 拈華示衆	석가가 영산회상에서 말없이 연꽃을 들어 대중에게 보였더니 가섭만이 그 뜻을 알아차리고 미소 지었다는 고사에서 유래.
이심전심 以心傳心	마음과 마음으로 서로 뜻이 통함.

3. 부모님께 효도하다

동온하청 冬溫夏凊	부모를 섬김에 있어서 겨울에는 따뜻하게 여름에는 시원하게 해 드림.
반의지희 班衣之戲 노래지희 老萊之戲	나이 칠순인 노래자가 구순된 어버이에게 효도하기 위해 색동옷을 입고 춤을 춰서 위로해 드림.
반포보은 反哺報恩 반포지효 反哺之孝	까마귀가 늙은 부모를 위해 먹이를 물어다 줌. 부모가 길러 준 은혜에 보답함.
풍수지탄 風樹之嘆	어버이를 일찍 여의어 효도를 다하지 못한 자식의 슬픔.
혼정신성 昏定晨省	밤에는 부모님의 잠자리를 살펴 드리고, 새벽이 되면 부모님이 안녕히 주무셨는지 안부를 물음.

4. 학문에 전념하다

발분망식 發憤忘食	어떤 일을 해내려고 끼니까지 잊을 정도로 열중하여 노력함.
수불석권 手不釋卷	손에서 책을 놓지 않고 열심히 공부함.
자강불식 自强不息	스스로 힘써 몸과 마음을 쉬지 않고 열심히 노력함.
절차탁마 切磋琢磨	학문이나 도덕, 기예 등을 열심히 배우고 익힘.
주경야독 晝耕夜讀	낮에는 일하고, 밤에는 책을 읽음. 바쁘고 어려운 상황에서도 꿋꿋하게 공부함.
형창설안 螢窓雪案 형설지공 螢雪之功	반딧불이 비치는 창과 눈이 비치는 책상. 어려운 가운데서도 학문에 힘씀.

5. 독서에 힘쓰다	
남아수독오거서 男兒須讀五車書	남자는 모름지기 다섯 수레의 책을 읽어야 함.
독서백편의자현 讀書百遍義自見	책을 백 번 읽으면 뜻이 저절로 보임.
등화가친 燈火可親	서늘한 가을밤은 등불을 가까이하여 책을 읽기에 좋음.
안광철지배 眼光撤紙背	눈빛이 종이의 뒷면을 꿰뚫을 정도로 책의 깊은 뜻까지 이해함.
위편삼절 韋編三絶	공자가 주역 책을 열심히 읽어 가죽으로 묶은 끈이 세 번이나 끊어짐. 독서에 힘씀.
한우충동 汗牛充棟	책을 수레에 실으면 소가 땀을 흘리고, 방에 쌓으면 대들보까지 닿을 정도로 책이 매우 많음.
6. 일시적인 대책만 꾀하다	
고식지계 姑息之計 고식지책 姑息之策	당장 눈앞의 편한 것만 꾀하는 방법.
동족방뇨 凍足放尿	언 발에 오줌 누기. 잠시의 효력만 있고 결국엔 결과가 더 안 좋게 됨.
미봉책 彌縫策	임시로 꾸며 대어 눈가림만 하는 일시적인 계책.
임기응변 臨機應變	그때그때 처한 형편에 따라 적당히 일을 처리함.
하석상대 下石上臺 상석하대 上石下臺	아랫돌을 빼서 윗돌을 괴고, 윗돌을 빼서 아랫돌을 굄. 임시변통으로 대충 둘러맞춤.
7. 몹시 위태로운 형세이다	
누란지세 累卵之勢 누란지위 累卵之危	달걀을 쌓아 놓은 듯한 매우 위태로운 형세.
명재경각 命在頃刻	거의 죽게 되어 곧 숨이 끊어질 지경에 처함.

百尺竿頭(백척간두) 竿頭之勢(간두지세)	백 자나 되는 높은 장대 위에 올라가 있음. 위태로운 지경에 처함.
四面楚歌(사면초가)	아무에게도 도움을 받을 수 없는 고립된 상태.
如履薄氷(여리박빙)	얇은 얼음을 밟는 것처럼 아주 위태로운 상황이나 위험한 짓.
焦眉之急(초미지급)	눈썹에 불이 붙음. 매우 위급한 상황.
風前燈火(풍전등화)	바람 앞의 등불. 매우 위태로운 상황이나 오래 견디지 못할 상태.
	8. 원수처럼 서로 사이가 안 좋다
犬猿之間(견원지간)	개와 원숭이 사이. 서로 사이가 매우 좋지 않음.
不俱戴天之讎(불구대천지수)	함께 하늘을 이고 살 수 없는 원수.
氷炭之間(빙탄지간) 氷炭不相容(빙탄불상용)	얼음과 숯불의 사이. 서로 맞지 않아 화합할 수 없는 상태.
	9. 견문이 좁아 세상 형편을 잘 모르다
管見(관견)	대롱을 통해 하늘을 봄. 좁은 시각과 편협한 시각.
井底之蛙(정저지와)	우물 안 개구리. 견문이 좁고 세상 물정을 모르는 사람.
坐井觀天(좌정관천)	우물 안에 앉아서 하늘을 봄. 견문이 매우 좁음.
通管窺天(통관규천) 以管窺天(이관규천)	대롱을 통해 하늘을 봄. 견문이 아주 좁은 사람.
	10. 고지식하고 융통성이 없다
刻舟求劍(각주구검)	시세의 변천도 모르고 낡은 것만 고집하는 미련하고 어리석은 사람.
膠柱鼓瑟(교주고슬)	거문고의 줄을 괴는 기러기발을 올렸다 내렸다 할 수 없도록 아교로 붙여 놓고 연주함. 규칙에 얽매여 조금도 융통성이 없음.

미생지신 尾生之信	융통성이 없이 약속만을 굳게 지키는 것.
수주대토 守株待兎	한 가지 일에만 얽매여 발전을 모르는 어리석은 사람.

11. 보통의 평범함 사람들을 말하다

갑남을녀 甲男乙女	갑이라는 남자와 을이라는 여자. 보통의 평범한 사람들.
범부범부 凡夫凡婦	보통의 평범한 사람들.
우부우부 愚夫愚婦	어리석은 지아비와 지어미. 평범한 사람들.
장삼이사 張三李四	장 씨의 셋째 아들과 이 씨의 넷째 아들. 이름이나 신분을 알 수 없는 보통의 평범한 사람들.
초동급부 樵童汲婦	땔나무를 하는 아이와 물을 긷는 아낙네처럼 평범한 사람들.
필부필부 匹夫匹婦	한 쌍의 지아비와 지어미. 보통의 평범한 남녀.

12. 시절이 매우 태평하고 즐겁다

강구연월 康衢煙月	번화한 큰 거리에 저녁밥 짓는 연기가 달빛을 향해 피어오름. 태평한 시대의 평화로운 풍경.
고복격양 鼓腹擊壤 격양노인 擊壤老人	중국 요임금 때 한 노인이 배를 두드리고 막대기로 땅을 치며 태평한 세상을 즐김.
비옥가봉 比屋可封	즐비하게 늘어선 집집마다 표창할 만한 인물이 많을 정도로 나라에 어진 사람이 많음.
함포고복 含哺鼓腹	실컷 먹고 배를 두드림. 태평한 시절을 즐겁게 지냄.
태평연월 太平煙月	나라가 안정되어 아무 걱정 없이 편안하고 즐거운 세월을 보냄.

13. 한바탕의 헛된 꿈이 되다

남가일몽 南柯一夢	남쪽으로 뻗은 나뭇가지 아래의 꿈. 덧없는 꿈이나 부귀영화.
일장춘몽 一場春夢	한바탕 봄밤의 부질없는 꿈처럼 인생이 덧없고 허무함.

한단지몽 邯鄲之夢 여옹지침 呂翁之枕 노생지몽 盧生之夢 일취지몽 一炊之夢	한단에서 꾼 꿈. 인생과 영화의 덧없음. 노생이 한단 땅에서 여옹의 베개를 빌려서 잠을 자며 80년간의 영화로운 꿈을 꾸었는데, 깨고 보니 여옹이 누른 조밥을 짓는 사이였다는 고사에서 유래.

14. 아주 아름다운 미인이다

경국지색 傾國之色 경성지미 傾城之美	임금을 미혹시켜 나라를 기울게 할 만한 아름다운 여자.
단순호치 丹脣皓齒	붉은 입술과 하얀 이. 미인의 아름다운 얼굴.
명모호치 明眸皓齒	맑은 눈동자와 하얀 이. 미인의 아름다운 모습.
침어낙안 沈魚落雁	물고기는 연못 속에 잠기고, 기러기는 하늘에서 떨어짐. 아름다운 여자의 고운 얼굴.
화용월태 花容月態	꽃다운 얼굴과 달 같은 자태. 아름다운 여인의 얼굴과 맵시.

15. 일에 일관성이 없다

조변석개 朝變夕改	정책이나 계획을 아침저녁으로 뜯어고침.
조령모개 朝令暮改	아침에 명령을 내렸다가 저녁에 다시 고침. 계획이나 결정이 자주 바뀌어 갈피를 잡기 어려움.
고려공사삼일 高麗公事三日	고려의 정책이나 법령은 사흘 만에 바뀜. 한번 시작한 일이 오래 계속되지 못함.

16. 불가능한 일을 무모하게 행하다

연목구어 緣木求魚	나무에 올라 물고기를 구함. 불가능한 일을 무리해서 굳이 함.
육지행선 陸地行船	뭍으로 배를 운행하려 함.
이란투석 以卵投石	달걀로 바위 치기. 약한 것으로 강한 것에 대항하려는 어리석음.

17. 아주 무식하다	
目不識丁(목불식정)	낫 놓고 기역 자도 모름. 쉬운 한자인 '고무래 丁(정)'도 구별하지 못하는 무식한 사람.
盲者丹青(맹자단청)	장님이 단청 구경을 함. 사물을 이해할 능력이 없음.
菽麥不辨(숙맥불변)	콩인지 보리인지 구별하지 못하는 무식한 사람.
魚魯不辨(어로불변)	'魚(어)'와 '魯(로)'를 구별하지 못할 정도로 아주 무식함.
一字無識(일자무식)	한 글자도 읽을 수 없을 정도로 아는 것이 없음.

18. 이러지도 저러지도 못하는 상황이다	
鷄肋(계륵)	닭갈비. 버리기에는 아깝고 소지하기에는 그다지 쓸모가 없음.
四面楚歌(사면초가)	아무에게도 도움을 받을 수 없는 고립된 상태로 이러지도 못하고 저러지도 못함.
進退兩難(진퇴양난)	이러지도 저러지도 못하는 매우 곤란한 상태.
進退維谷(진퇴유곡)	앞으로 나아가고 뒤로 물러나도 골짜기만 있음. 궁지에 몰린 상태.

19. 그리워하여 잊지 못하다	
寤寐不忘(오매불망)	자나 깨나 잊지 못함.
輾轉反側(전전반측) 輾轉不寐(전전불매)	누워서 몸을 이리저리 뒤척이며 잠을 이루지 못함.

20. 제자가 스승보다 뛰어나다	
青出於藍(청출어람) 出藍(출람)	푸른색은 쪽빛에서 나왔으나 쪽빛보다 푸름. 제자가 스승보다 뛰어남. 『순자』, 「권학편」의 "青出於藍而青於藍, 氷水爲之而寒於水.(청출어람이청어람 빙수위지이한어수)"에서 옴.
後生可畏(후생가외)	뒤에 난 사람은 두려워할 만함. 부지런히 갈고닦은 후배는 선배를 능가할 수 있음.

21. 학문이나 재주가 늘어나다	
괄목상대 刮目相對	눈을 비비고 상대방을 봄. 상대방의 학식이나 재주가 눈에 띄게 향상됨.
일신우일신 日新又日新	날마다 새로워지고 또 날마다 새로워짐. 나날이 발전해야 함.
일취월장 日就月將	날로 달로 발전하고 성장함.

22. 몹시 가난하다	
계옥지간 桂玉之艱	계수나무보다도 비싼 장작과 옥보다도 귀한 밥으로 생활하는 어려움. 도회지에서 고학하는 어려움.
남부여대 男負女戴	남자는 짐을 지고 여자는 짐을 임. 온갖 고생을 하며 이리저리 떠돌아다님.
삼순구식 三旬九食	한 달에 아홉 끼니밖에 못 먹을 정도로 몹시 가난함.

23. 은혜를 잊지 못하다	
각골난망 刻骨難忘	은혜를 마음속에 깊이 새기어 잊지 못함.
각골명심 刻骨銘心	뼈와 마음속에 새김. 은혜를 잊지 못함.
결초보은 結草報恩	풀을 맺어서 은혜에 보답함. 죽어서라도 은혜를 잊지 않고 갚음.
백골난망 白骨難忘	죽어서 뼈만 남은 뒤에도 은혜를 잊지 못함.

24. 앞날을 예측하기 어렵다	
새옹지마 塞翁之馬 새옹득실 塞翁得失	사람의 길흉화복은 수시로 변하기 때문에 예측할 수 없음.
전화위복 轉禍爲福	재앙이 바뀌어 오히려 복이 됨. 좋지 않은 일이 계기가 되어 오히려 좋은 일이 생김.
흥진비래 興盡悲來	즐거운 일이 다하면 슬픈 일이 옴. 세상일은 좋고 나쁜 일이 돌고 돌아 순환함.

25. 가혹한 정치를 하다

苛斂誅求 (가렴주구)	가혹하게 세금을 거두거나 백성들의 재산을 강제로 빼앗음.
苛政猛於虎 (가정맹어호)	가혹한 정치는 호랑이보다 무서움. 가혹한 정치의 폐해.
塗炭之苦 (도탄지고)	진흙탕에 빠지고 숯불에 타는 고생. 참을 수 없는 고통과 심한 정치.
炮烙之刑 (포락지형)	불에 뜨겁게 달군 쇠로 살을 지지는 가혹한 형벌.

26. 환경이 중요하다

橘化爲枳 (귤화위지)	회남의 귤을 회북으로 옮기면 탱자가 됨. 환경과 조건에 따라 사물의 성질이 변함.
近墨者黑 (근묵자흑) 近朱者赤 (근주자적)	먹을 가까이하는 사람은 검어짐. 환경의 중요성.
麻中之蓬 (마중지봉)	삼밭에 난 쑥. 착한 사람과 사귀면 그 사람의 영향을 받아서 착해짐.
孟母三遷 (맹모삼천) 孟母三遷之敎 (맹모삼천지교)	맹자의 어머니가 맹자를 교육하기 위해 세 번(묘지, 시장, 서당) 이사함.

27. 자연이 아름답다

江湖煙波 (강호연파)	강이나 호수에 안개처럼 일어나는 기운이나 잔물결.
武陵桃源 (무릉도원)	도연명이 말한 가상의 선경으로, 경치가 뛰어나게 아름다운 곳.
山紫水明 (산자수명)	산은 자줏빛이며, 물은 깨끗함. 자연의 아름다움.
煙霞日輝 (연하일휘)	안개와 노을과 빛나는 햇살. 아름다운 자연 경치.

28. 고향과 부모가 그립다

看雲步月 (간운보월)	달밤에 구름을 보며 거닒. 객지에서 가족과 고향을 그리워함.
望雲之情 (망운지정)	자식이 객지에서 고향에 계신 어버이를 그리는 마음.

首丘初心(수구초심)	여우가 죽을 때 제가 살던 고향 쪽으로 머리를 두며 죽음. 고향을 그리워하는 마음.

29. 처음 시작하다

濫觴(남상)	大河(대하)도 그 근원은 잔을 띄울 정도의 작은 물에서부터 시작되었음. 사물의 맨 처음.
嚆矢(효시)	사물이 비롯된 맨 처음.

30. 오만하고 무례한 태도를 보이다

妄者尊大(망자존대)	아무런 앞뒤 생각도 없이 함부로 잘난 체함.
傍若無人(방약무인)	곁에 아무도 없는 것처럼 제멋대로 행동함.
眼下無人(안하무인)	눈 아래에 보이는 사람이 없음. 방자하고 교만하여 다른 사람을 업신여김.
傲慢無道(오만무도)	태도나 행동이 거만하여 도리에 어긋남.

31. 서로 우열을 가리기가 어렵다

難兄難弟(난형난제)	누구를 형이라 하기도 어렵고 아우라 하기도 어려움. 서로 비슷비슷하여 우열을 가리기 어려움.
大同小異(대동소이)	대개는 같고 차이가 거의 없음. 두 가지 이상의 대상이 어슷비슷함.
莫上莫下(막상막하)	더 낫고 더 못함의 차이가 거의 없음.
伯仲之勢(백중지세)	힘이나 능력 따위가 서로 비슷하여 우열을 가리기 힘듦.
五十步百步(오십보백보)	오십 보 도망친 사람이 백 보 도망친 사람에게 겁쟁이라고 비웃음. 서로 비슷함.

32. 거리가 매우 가깝다

咫尺之間(지척지간) 咫尺之地(지척지지)	매우 가까운 거리.

지호지간 指呼之間	손짓하여 부를 수 있을 정도의 가까운 거리.

33. 자신의 분수를 모르다

당랑거철 螳螂拒轍 당랑지부 螳螂之斧	사마귀가 앞발을 들고 수레를 멈추려 함. 자기 분수도 모르고 무모하게 덤빔.
칠실지우 漆室之憂	제 신분에 맞지 않는 걱정. 제 분수를 모르는 행위.

34. 다른 사람이 대신 이익을 보다

견토지쟁 犬兎之爭	개와 토끼의 다툼. 두 사람의 싸움에 제3자가 이득을 봄.
어부지리 漁父之利 방휼지쟁 蚌鷸之爭	두 사람이 다투는 사이에 아무런 관계가 없는 제3자가 이익을 챙김.

35. 세상이 몰라보게 변하다

상전벽해 桑田碧海	뽕나무밭이 푸른 바다가 됨. 세상일의 변천이 매우 심함.
천선지전 天旋地轉	세상일이 크게 변함.

36. 大(대)를 위해 小(소)를 희생하다

견위치명 見危致命	나라가 위태로울 때 자기 몸을 나라에 바침.
대의멸친 大義滅親	큰 의리를 지키기 위해서라면 부모와 형제도 돌보지 않음.
멸사봉공 滅私奉公	개인의 욕심을 버리고 공공의 이익을 위하여 힘씀.
선공후사 先公後私	공적인 일을 먼저 하고, 사사로운 일은 나중에 함.
읍참마속 泣斬馬謖	원칙을 지키기 위하여 자기가 아끼는 사람을 버림.

37. 학문이 어렵다

다기망양 多岐亡羊	갈림길이 많아서 찾는 양을 잃어버림. 학문의 길이 여러 갈래여서 진리를 찾기가 어려움.

亡羊之歎(망양지탄)	여러 갈래 길에서 양을 잃고 탄식함. 학문의 길이 여러 갈래라 방향을 잡기 어려움.
38. 일이 지난 후에 손을 쓰거나 후회를 하다	
渴而穿井(갈이천정) 臨渴掘井(임갈굴정)	목이 말라야 우물을 팜. 이미 때가 늦음.
晩時之歎(만시지탄)	기회를 잃고, 때가 늦음을 한탄함.
亡羊補牢(망양보뢰)	양을 잃고 우리를 고침. 어떤 일이 실패한 다음에 뉘우쳐 봐야 소용이 없음.
死後藥方文(사후약방문)	죽은 뒤에 약 처방을 함. 때가 이미 늦었음.
十日之菊(십일지국)	국화가 한창 때인 9월 9일이 지난 10일의 국화. 이미 때가 늦음.
雨後送傘(우후송산)	비가 온 뒤에야 우산을 보냄. 때가 이미 늦음.
39. 자연을 사랑하다	
煙霞痼疾(연하고질)	자연의 아름다운 경치를 몹시 즐김.
泉石膏肓(천석고황)	산수를 즐기고 사랑하는 것이 너무 지나쳐 마치 고치기 어려운 병과 같음.
40. 무리 중에서 뛰어나다	
間世之材(간세지재)	여러 세대를 통하여 드물게 나타나는 뛰어난 인재.
群鷄一鶴(군계일학) 鷄群孤鶴(계군고학)	닭 무리 속에 있는 한 마리의 학. 평범한 사람 가운데 뛰어난 사람.
囊中之錐(낭중지추)	주머니 속의 송곳. 재능이 뛰어난 사람은 숨어 지내도 저절로 사람들 눈에 띄게 됨.
白眉(백미)	흰 눈썹. 여러 무리들 중에서 뛰어난 사람이나 사물.
鐵中錚錚(철중쟁쟁)	여러 쇠붙이 중에서 유난히 맑은 소리를 냄. 평범한 사람들 가운데에서 특별히 뛰어난 사람.

6. 칼럼 한자어

1) 親舊(　　　)[1]와 朋友(　　　)[2]

초나라에 사는 어떤 사람이 자기의 코끝에 파리 크기만큼의 석회 덩어리를 바르고, 석수장이 친구에게 도끼로 그것을 깎아 내도록 하였다. 석수장이는 쌩하며 재빠르게 도끼를 휘둘러 석회 덩어리를 깎아 냈지만, 그 사람은 전혀 겁내거나 동요하지 않았고 상처도 없었다. 송나라 임금이 이 이야기를 듣고 석수장이를 불러 시범을 보여 달라고 했지만, 석수장이는 지금은 그 친구가 죽어서 시범을 보일 수 없다고 하였다. 『장자』, 「잡편」에 나오는 이야기로, 장자가 벗인 혜자의 묘 옆을 지나면서 말한 逸話(　　　)[3]이다. 보통 최고의 경지를 지닌 빼어난 기술자를 비유할 때 사용(　　　)하는 '運斤成風(　　　)[4]'의 고사로 쓰이지만, 다른 각도로 보면 신뢰가 쌓인 진정한 벗과의 믿음을 이야기했다고도 할 수 있다. 장자 자신도 석수장이처럼 친한 벗을 잃어서 지금은 더불어 말할 상대가 없음을 보여 주고 있는 것이다. 백아와 종자기, 관중과 포숙아의 관계에 버금가는 믿음이라 할 수 있다.

예부터 친구의 의미는 다양하게 정의되어 왔는데, 현대 우리는 흔히 사람 사이에 交流(　　　)[5]가 형성된 동년배를 친구라고 한다. '오랫동안[舊] 친한[親] 사이'로 많은 시간을 공유했기에 친구라고 일컫는 것이다. '옷은 새것이 좋고, 사람은 오랠수록 좋다(衣, 莫若新, 人, 莫若舊)'는 말도 오랜 시간을 함께 공유(　　　)한 친구가 더욱 좋다는 말이다. 하지만 물리적 시간의 多少(　　　)[6]만으로 친구 간에

---

1 오래도록 친하게 사귀어 온 사람.

2 마음이 서로 통하여 가깝게 사귀는 사람.

3 세상에 알려지지 않은 흥미로운 이야기.

4 도끼를 움직여 바람을 일으킴. 최고의 경지에 도달한 빼어난 기술.

5 문화나 사상 따위가 서로 통함.

6 분량이나 정도의 많음과 적음.

우정이 쌓이는 것은 아니다. 하루가 멀다 하고 만난 시간만으로 信賴(　　　)[7]가 형성되는 것은 아니기 때문이다. 물리적 시간의 축적보다 정신적 신의가 축적되는 관계라야 우리가 흔히 말하는 친구가 되는 것이다.

친구는 다른 말로 '붕우'라고도 한다. 전한 말기의 학자 양웅은 "벗으로서 마음을 나누지 않으면 얼굴만 아는 벗이고, 친구로서 마음을 나누지 못하면 얼굴만 아는 친구이다(朋而不心, 面朋也, 友而不心面友也)."라고도 하였다. 여기서 '붕'과 '우'의 의미를 細分(　　　)[8]할 필요가 있다. 붕(朋)은 나이와 상관없이 뜻[志]을 함께하는 사이라면, 우(友)는 비슷한 나이로서 정(情)을 공유하는 사이라는 성격(　　　)이 강하다. 지(志)가 정(情)보다 정신적으로 높은 개념이라 하더라도, 붕우는 시(時)만 공유한 친구의 의미보다는 훨씬 신뢰가 형성된 관계를 보여 주고 있다. 그래서 예전에는 벗을 제2의 나[第二吾(　　　)], 기운이 다른 형제[匪氣之弟(　　　)], 잠자리를 같이하지 않는 아내[匪室之妻(　　　)] 등으로도 불렀다. 굳이 부연 설명이 없어도 벗의 의미가 묵직한 울림으로 다가온다.

지금은 친구의 의미가 많이 가벼워져서 友情(　　　)[9]에 대한 체감온도도 많이 떨어졌다. 각박한 현대사회에서 速度(　　　)[10]와 愚劣(　　　)[11] 경쟁에만 치중하다 보니, 이해관계에 따라 쉽게 變質(　　　)[12]되면서 그 무게감은 退色(　　　)[13]되고 만 것이다. 서로에 대한 믿음이 없으니 말 한마디에 서운해하고 등을 돌리고 만다. 마음으로 사귀지 않으니, 겉으로만 친한 척하는 가짜 친구만 만들어진다. 뜻과 정을 나눌 수 있는 벗이 없으니 앞에서만 아는 척하거나 술만 함께 마시는 친

---

7 굳게 믿고 의지함.

8 자세하게 분류함.

9 벗 사이의 정.

10 빠른 정도.

11 나음과 못함.

12 성질이나 물질이 변함.

13 빛이 바램.

구만 가득하다. 얼굴 많이 마주친다고, 술잔 많이 기울인다고 벗이 될 수는 없는 것이다.

그렇다면 진정한 벗이란 어떤 존재일까? 인디언 속담( )에는 '내 슬픔을 자기 등에 지고 가는 자'를 벗이라고 하였다. 이처럼 벗은 서로가 공감할 수 있는 감정을 전제로 신뢰의 씨앗을 뿌려서 우정이라는 결실( )을 맺는 사람이다. 사람의 두 손처럼, 새의 두 날개처럼 서로에게 없어서는 안 될 존재를 의미하는 것이다. '벗 우(友)'가 왼손과 오른손을 맞잡아 交叉( )[14]하는 것처럼, 내 손을 잡아 주는 사람이다. 많은 친구를 가진 사람보다 한 사람의 진실한 벗이 더 중요한 세상이 되었다. 우리는 주변의 사람들에게 그저 그렇게 시간( )만 공유한 친구의 모습인지, 정신적 신뢰를 형성한 벗인지를 진지하게 고민해 봐야 할 것이다. 당연히 친구보다는 벗으로 기억되었으면 하는 바람이다.

_『대전일보』 칼럼

2) 萬劃( )[15]의 자만을 경계해야

여(汝)라는 강변에 대대로 무식( )하지만 財産( )[16]은 많은 영감이 살고 있었다. 언젠가 초나라 선생님을 모셔서 아들에게 글을 가르치는데, 선생님은 붓을 쥐고 획을 긋는 법부터 가르치기 시작( )하였다. 한 획을 긋고 한 일이라 하고, 획을 더해 가며, 두 이, 석 삼이라고 가르쳤다. 그러자 아들은 붓을 내던지고 더 이상 배울 게 없다며 아버지에게 선생님을 돌려 보내라고 말한다. 아들의 聰明( )[17]함을 대견하게 여긴 영감은 친구 만(萬) 씨를 초청하여 잔치를 벌이기 위해 아들에게 초청장을 쓰라고 한다. 한참이 지나도 아들은 답이 없어서 재촉하

14 서로 엇갈리거나 마주침.

15 만 번을 그은 획.

16 자기 소유의 모든 돈과 사물.

17 썩 영리하고 재주가 있음.

고자 들여다보니, 아들은 아침부터 긋기 시작한 줄 긋기가 아직 오백 획밖에 안 되었다면서 왜 세상에 수많은 성씨 중에 하필이면 만씨냐면서 몹시 짜증을 냈던 것이다. 이런 아들의 모습을 바라보는 영감의 심정(   )은 어떠했을까. 명나라의 유원경이 쓴 『현혁편』에 나오는 「만자만획(萬字萬劃)」이라는 이야기이다.

며칠 전 끝난 대학수학능력시험의 후폭풍이 뜨겁다. 항상 수능이 끝날 때마다 다양한 의견과 문제점들이 쏟아지긴 하지만 올해는 유독 심한 후유증을 겪는 모양새다. 수험생과 학부모들은 문제 하나하나에 발을 동동거린다. 득점에 따라 사회적 우열이 나눠지고, 오직 그것만을 목표로 이십 년을 달려왔기에 敏感(   )[18]할 수밖에 없다는 것도 안다. 이러한 맹목적 경쟁은 과거(   )에도 별반 다르지 않았다. 19세기에 다산 정약용은 천하의 총명하고 지혜로운 인재들을 모아 한결같이 모두 '科擧(   )[19]'라는 절구통에 넣고는 마구 빻고 때려서 문드러지는 현실을 慨嘆(   )[20]하기도 하였다. 천하의 인재들이 오직 과거에만 매달리는 조선의 현실(   )이나, 오늘의 수능이 크게 다르지 않다. 다산의 고민이 마치 오래된 전통처럼 21세기인 지금까지 有效(   )[21]한 것이다.

현대사회는 지식 경쟁 사회로 치닫고 있다. 오직 지식의 總量(   )[22]으로만 인재의 기준을 결정하고 있는 것이다. 지식 習得(   )[23]이 중요하다는 것을 인정은 하지만, 이것을 競爭(   )[24]이라는 프레임에 집어넣고는 助長(   )[25]하는 분위기가 문제인 것이다. 경쟁하려면 비교하게 되고, 비교가 되면 우열이 나

18 자극에 빠르게 반응을 보이거나 쉽게 영향을 받음. 또는 그런 상태.

19 중국과 우리나라에서 관리 채용 시험 제도로서 보던 시험.

20 분하거나 걱정스럽게 여기어 탄식함.

21 효과나 효력이 있음.

22 전체의 분량.

23 배워서 자기 것으로 함.

24 같은 목적에 대하여 서로 이기거나 앞서려고 다툼.

25 바람직하지 않은 일을 부추김.

뉘지니, 사회는 당연히 수직적 서열구조로 줄이 세워진다. 경쟁이 마냥 나쁜 것은 아니지만 자연스럽게 승패가 결정되면서 '위너'와 대척점을 이루는 '루저'들은 본인의 의지와는 상관없이 사회적으로 낙인이 찍히게 되는 것이 문제이다. '언행과 외모가 볼품없고, 능력과 재력이 부족해서 대접을 못받는 사람' 云云(　　　　)[26]하는 루저의 사전적 의미도 마뜩잖다. 많은 부분들이 위너에게만 초점이 맞춰진 승자 獨食(　　　　)[27]의 사회인 것이다.

현대사회는 '잘하는 사람보다 열심히 하는 사람', '지식이 많은 사람보다 지혜로운 사람', '이성적인 판단이 뛰어난 사람보다 인성이 좋은 사람'을 필요로 해야 한다. 努力(　　　　)[28], 智慧(　　　　)[29], 人性(　　　　)[30]의 삼종 세트를 갖춘 '노지인(努智人)'이 인정받는 세상이라야 한다는 것이다. 열심히 노력했어도 루저가 될 수는 있겠지만, 루저라도 얼마든지 지혜롭고 인성이 좋을 수 있기 때문이다. 지식의 총량이 지혜의 깊이나 인성의 본바탕까지 높일 수는 없기 때문이다. 만 개의 획만 그어 대는 아들처럼 자신의 얄팍한 지식을 믿고 스스로 머리 좋다고 착각하는 헛똑똑이(?)들의 우(愚)를 경계해야만 하는 것이다.

모든 것을 다 아는 완전한 지식(　　　　)은 없다. 모자람이 있기에 공자의 말씀처럼 항상 때때로[時] 배우고[學] 익히는[習] 것이다. 배움은 지식을 채우는 종결이 아니라, 또 다른 연결의 시작을 의미(　　　　)한다. 배우면 배울수록 모르는 것이 많아진다는 역설적인 의미도 이와 같다. 단지 경계해야 할 가장 큰 병폐는 배움에 自慢(　　　　)[31]하지 말아야 한다. 자만의 쳇바퀴에 빠지면 오만, 거만, 교만을

---

26 이러쿵저러쿵하는 여러 가지의 말.

27 혼자서 먹음.

28 목적을 이루기 위하여 있는 힘을 다해 부지런히 애를 씀.

29 사물의 이치나 상황을 제대로 깨닫고 그것에 현명하게 대처할 방도를 생각해 내는 정신의 능력.

30 사람의 성품.

31 자신이나 자신과 관련 있는 것을 스스로 우쭐거리며 뽐냄.

동시(　　　)에 불러와서 영원히 획만 긋는 어리석음을 범할 것이기 때문이다.

_『대전일보』 칼럼

3) 飮酒(　　　)[32]도 配慮(　　　)[33]다

삼국시대 위나라에 종요라는 문장가에게는 종육과 종회라는 두 아들이 있었다. 하루는 낮잠을 자고 있는데, 두 아들이 몰래 들어와 술을 훔쳐 먹고 있었다. 종요는 그것을 알아차렸지만, 계속 잠든 척을 하였다. 이때 큰아들은 술에 절을 하고 마셨는데, 작은아들은 절을 하지 않고 곧바로 마셨다. 두 아들의 행동(　　　)이 궁금해진 종요는 일어나서 그 緣由(　　　)[34]를 물으니, 종육은 술을 마실 때 禮儀(　　　)[35]를 갖춰야 하기에 절을 한 것이고, 종회는 도둑질은 본래 예의에 어긋나서 절을 하지 않은 것이라고 하였다. 종육은 술에, 종회는 도둑질에 초점을 맞췄기에 두 형제의 대답이 달랐던 것이다. 종요는 아들의 행동에 어떤 반응을 보이고, 누구의 생각에 손을 들어 주었을까. 『세설신어』에 나오는 주례(酒禮) 이야기이다.

술은 우리 민족의 역사와 버금갈 정도로 늘 함께해 왔던 대표적 음식(　　　)이다. 삼국시대 이전부터 농경사회의 豊農(　　　)[36]과 祈福(　　　)[37]의 마음을 담는 행사에 애용되었고, 문학의 風趣(　　　)[38]를 돕는 역할도 충실히 하였다. 식민지 시대의 금주정책은 家釀酒(　　　)[39]를 만들며 극복하였고, 현대는 주류가 다양해지면서 애주가들의 입은 시대에 상관없이 항상 호강하고 있다. 이렇듯 오랜 시

32 술을 마심.

33 도와주거나 보살펴 주려고 마음을 씀.

34 일의 까닭이나 이유.

35 사회생활이나 사람 사이의 관계에서 존경의 뜻을 표하기 위해서 예로써 나타내는 말투나 몸가짐.

36 농사가 잘됨.

37 복을 빎.

38 아담한 정취의 풍경.

39 집에서 빚은 술.

간 동안 우리와 함께한 만큼 그에 대한 주도(酒道)가 확립되었을 법도 한데, 우리의 음주 현실은 아직 醉夢(　　　)[40]에 빠진 듯 흔들리고 있다. 몇몇 어긋난 주당들의 잘못된 주도로 대한민국의 음주문화를 멍들게 하고 있는 것이다. 이들은 이유나 원근(　　　), 주종을 不辭(　　　)[41]하고 술을 마신다. 마치 이 험난한 세상을 맨정신으로 어찌 살아가겠는가라면서 술을 마시되 취하지 않으면 디오니소스와 박카스에 대한 모독이라는 거창한 변명까지 곁들일 것 같은 모양새로 말이다. 이러한 불사조(?) 정신은 결국 타인을 배려하지 않은 상처로 이어지는 것이다.

술은 그 자체로는 害益(　　　)[42]을 논할 수가 없다. 해롭다거나 이롭다고 한마디로 규정할 수는 없다는 것이다. 다만 그것을 받아들여서 해석하는 주체(　　　)가 누구냐에 따라서 毒酒(　　　)[43]도 되고, 약주(　　　)도 될 수 있다. 이것이 술을 마시기 전보다 마신 후가 중요한 이유이다. 취함에도 정도(正道)가 있어야 하는 것이다. 술에 취해 평상심을 잃는 자는 신용(　　　)이 없는 자이며, 우는 자는 인(仁)이 없는 자이고, 소란을 피우는 자는 예의가 없는 자이다. 조지훈은 주도에도 단이 있다는 '주도유단설(酒道有段說)'을 주장하면서 술로 인해서 인생을 마감한 '폐주(廢酒)'를 최고의 경지에 올려놓았다. 이는 술로 인해 생을 다한 것이지만, 더 큰 문제는 다른 사람의 목숨까지도 앗아 갈 수 있다는 것이다.

음주로 인한 사고가 사회적 문제로 끊임없이 대두되고 있다. 독주의 성배를 든 주당들은 때를 가리지 않고 연일 문제를 일으킨다. 결국 문제의 심각성으로 인해 국회에서는 음주운전에 대한 처벌을 강화하는 특정범죄 가중처벌에 대한 법률을 대폭 강화하였다. 음주운전은 폭력이자 살인행위이기 때문에 주취로 인한 사고는 감경사유도 없애자는 폐지여론과 국민청원도 등장하였다. 이번 기회에 건전한 음

40 술에 취하여 자는 동안에 꾸는 꿈.

41 마다하거나 거절하지 않음.

42 해로움과 이익.

43 독약을 탄 술.

주문화를 만들자는 趣旨(　　　)[44]로 곳곳에서 自淨(　　　)[45]의 목소리도 들리고는 있지만, 사회 전반에 반가운 메아리로 퍼져 나갈 수 있을지는 의문이다.

술은 누구나 마실 수는 있지만, 아무렇게나 마셔서는 안된다. 종육처럼 나름대로 술에 대한 예의도 갖추어야 하는 것이다. 먼저 그 마음을 가다듬고, 술을 이기려는 오만한 마음을 경계해야 한다. 마시되 속인(　　　)의 魔心(　　　)[46]이 발동하여 취마(醉魔)가 활개를 치면 안 된다는 것이다. 『논어』에서는 "술에 일정한 양을 정해 두진 않지만, 마시되 난잡하지 않아야 한다(唯酒無量, 不及亂)."라고 하였고, 『채근담』에서는 "꽃은 반쯤 피었을 때가 아름답고, 술은 적당히 취해야 좋다(花看半開, 酒飮微醉)."라고 하였다. 물고기가 물과 싸우지 않듯, 주객은 술의 속성을 거스르지 않으면서 남을 배려하는 음주문화가 정착되어야만 할 것이다. 아마 종요는 종육의 생각이 더 기특하다고 여기지 않았을까.

_『대전일보』 칼럼

---

44 어떤 일에 대한 기본적인 목적이나 의도.

45 어떤 집단이나 사회의 잘못된 것을 스스로 바로잡음.

46 마귀와 같은 나쁜 마음.

기출문제

1. 비슷한 뜻을 가진 글자끼리 결합하여 만들어진 한자어는? [초등임용]

① 宇宙 ② 黑白 ③ 出入 ④ 輕重

2. 뜻이 상대되는 한자로 이루어지지 않은 것은? [초등임용]

① 往來 ② 有無 ③ 明暗 ④ 溫暖

3. 다음에서 '宇宙'와 짜임이 같은 한자어는? [중등임용]

① 緩急 ② 添削 ③ 優劣 ④ 離別

4. 다음 중 한자의 구성과 짜임이 다른 것은? [서울시 9급]

① 樂山 ② 治國 ③ 修身 ④ 歸家 ⑤ 讀書

5. 다음 한자들의 공통점은? [중등임용]

滴, 摘, 適, 敵

① 音(음) ② 訓(훈) ③ 部數(부수) ④ 總劃(총획)

6. '가볍다, 업신여기다, 빠르다'의 뜻을 지닌 한자로 적절한 것은? [정보통신 순경 9급]

① 輕 ② 更 ③ 逕 ④ 警

7. 다음 중 독음이 다른 것은? [서울시 9급]

① 殺菌 ② 殺到 ③ 殺戮 ④ 殺伐 ⑤ 殺生

8. 공통으로 쓰인 한자의 독음이 같은 것으로 묶인 것은? [행정안전부 9급]

① 更新된 계약 문서를 조사하다. - 更生의 길로 인도하다.

② 불교에서는 殺生을 금지한다. - 계산이 相殺되었다.

③ 그 안건은 否決되었다. - 그 노인은 否塞한 말년을 보내고 있다.

④ 개펄이 開拓되어서는 안 된다. - 답사의 목적은 비문을 拓本하는 것이다.

9. 다음 글 중에서 한자가 잘못 표기된 것은? [서울시 9급]

① 회장 선거에 출마하여 誘說하러 다니느라 바쁘다.

② 요즘은 이름을 지을 때 그 가문의 行列을 잘 따르지 않는다.

③ 명절 때는 가정마다 茶禮를 지내 왔던 것이 우리 전통 문화이다.

④ 證券의 시세는 수시로 바뀐다.

⑤ 비가 오므로 그 행사는 자동으로 延期되었다.

10. 밑줄 친 한자를 같은 음으로 읽는 것은? [세무직 9급]

① 顯著 - 著述 ② 比率 - 統率

③ 交易 - 容易 ④ 見聞 - 謁見

11. 다음 중 索의 뜻이 다른 하나는? [서울시 9급]

① 探索 ② 搜索 ③ 索出 ④ 索引 ⑤ 索莫

12. 다음 중 올바른 것끼리 짝지어진 것은? [서울시 9급]

① 從屬 - 종속, 相殺 - 상살 ② 標識 - 표식, 平易 - 평이

③ 惡寒 - 악한, 宅內 - 댁내 ④ 嗚咽 - 오열, 一切 - 일체

⑤ 句讀點 - 구두점, 敗北 - 패북

13. '北' 자의 독음이 다른 한자어는? [초등임용]

① 敗北 ② 北極 ③ 南北 ④ 北方

14. 다음 한자어의 독음이 바르지 않은 것은? [경남 9급]

① 敗北(패배) ② 橫暴(횡포) ③ 叱責(힐책)

④ 覇權(패권) ⑤ 斡旋(알선)

15. 다음 각 낱말의 밑줄 친 글자의 음이 같은 자끼리 묶인 것은? [금성]

① 音樂 - 快樂 ② 說話 - 遊說

③ 多讀 - 讀破 ④ 狀態 - 卒業狀

16. 다음 중 한자의 독음이 틀린 것은? [통신공사]

① 訥辯 - 눌변 ② 叱責 - 힐책

③ 標識 - 표지 ④ 干涉 - 간섭

17. 다음에서 괄호 속에 표시한 한자음이 모두 맞는 것은? [한겨레신문]

① 教唆(교준), 這間(저간), 樂山樂水(요산요수)

② 跋扈(발호), 撞着(동착), 舊臘(구랍)

③ 改悛(개준), 罹災(나재), 不實(부실)

④ 相殺(상쇄), 挑戰(도전), 造詣(조예)

18. 밑줄 친 한자의 음과 뜻이 다른 것은? [중등임용]

① 光<u>復</u>　　② <u>復</u>舊　　③ 回<u>復</u>　　④ <u>復</u>興

19. 다음 한자어의 표기 중 맞는 것은? [서울시 9급]

① 家政婦　　② 通察力　　③ 適在適所

④ 五里無中　　⑤ 少兒科

20. 다음 중 한자어의 뜻풀이가 잘못된 것은? [중앙인사위 7급]

① 湮滅 - 자취도 없이 모두 사라짐.

② 親展 - 편지를 받을 사람이 직접 펴 보라고 편지 겉봉에 적는 말.

③ 貶下 - 가치를 깎아내림.

④ 造詣 - 아름답게 꾸밈.

21. 다음 한자어를 잘못 읽은 것은? [광주시 9급]

① 柔弱(유약)　　② 小生(소생)

③ 歪曲(왜곡)　　④ 誇示(효시)

22. 밑줄 친 단어의 한자를 바르게 고친 것은? [국가직 9급]

① 국제 여자 역전(驛傳) 경주 → 驛前

② 난상(亂床) 토론 → 爛商

③ 단란(團欒)한 가정 → 緞欄

④ 이모작(二毛作) 농법 → 二耗作

23. 다음 의미를 가진 한자어의 표기로 옳은 것은? [서울시 9급]

잊어버림, 기억에서 아주 사라진 상태

① 妄覺 ② 妄却 ③ 忘刻 ④ 忘却 ⑤ 望覺

24. 밑줄 친 부분의 한자 표기가 옳은 것은? [지방직 7급]

우리 한국 사람들은 술을 마실 때 자기 혼자서 마시지 않고 상대방과 권커니 잣거니 하며 서로 술잔을 돌리고 받곤 한다.

① 醉興 ② 酒筵 ③ 乾杯 ④ 酬酌

25. 다음 어휘의 한자 표기로 옳지 않은 것은? [지방직 9급]

① 타락 - 墜落 ② 대우 - 待遇

③ 배척 - 排斥 ④ 갈등 - 葛藤

26. 다음 중 '퇴고'의 한자는? [인천 소방직]

① 退敲 ② 堆鼓 ③ 推敲 ④ 蓷敲 ⑤ 退鼓

27. 밑줄 친 부분의 한자 표기가 옳은 것은? [노동부 · 선관위]

① 금융 개혁이 정치적 현안(現案)으로 떠올랐다.

② 이 우산은 접을 수 있어 휴대(携帶)가 간편하다.

③ 부장을 필두(必頭)로 전 직원이 마라톤에 참가했다.

④ 사회의 도덕 해이(解異)를 부추기는 일이 있어서는 안 된다.

28. 다음 한자어의 독음이 모두 옳은 것은? [국회직 8급]

① 遊說(유세), 破綻(파정), 示唆(시사), 障碍(장애)

② 墮落(타락), 爆擊(폭격), 奢侈(사치), 懈怠(나태)

③ 被襲(피습), 叱責(힐책), 斡旋(알선), 携帶(휴대)

④ 遝至(답지), 刮目(괄목), 歪曲(왜곡), 洞察(통찰)

⑤ 標紙(표지), 賂物(뇌물), 看做(간고), 捕捉(포착)

29. 한자어 표현을 제대로 이해하지 못한 것은? [국가직 9급]

① 법(法)에 저촉(抵觸)되다 → '법에 걸리다'라는 말이다.

② 식별(識別)이 용이(容易)하다 → '눈에 선하다'라는 말이다.

③ 촉수(觸手)를 엄금(嚴禁)하시오 → '손대지 마시오'라는 말이다.

④ 장물(臟物)을 은닉(隱匿)하다 → '범죄 행위로 부당하게 취득한 남의 물건을 숨기다'라는 말이다.

30. 다음 짝지어진 한자어의 관계가 의미상 이질적인 것은? [서울시 7급]

① 裕餘 - 順從 ② 櫛比 - 奧密稠密 ③ 正鵠 - 核心

④ 示唆 - 暗示 ⑤ 責望 - 詰責

31. '분수를 모르고 남의 흉내를 낸다'의 뜻을 지닌 한자어는? [서울시 7급]

① 效顰 ② 杜撰 ③ 濫觴 ④ 泰斗 ⑤ 持滿

32. 한자어의 독음이 옳은 것은 모두 몇 개인가? [경찰 정보통신직]

反駁(반포)	淘汰(도태)	羨望(선망)	嗚咽(명인)
模範(규범)	懺悔(재해)	憑藉(마적)	乖離(승리)

① 1개 ② 2개 ③ 3개 ④ 4개

33. 다음 문장 속의 한자어가 옳지 않은 것은? [서울시 9급]

① 법관이 중대한 심신상의 障害로 본연의 임무를 수행할 수 없을 때를 말한다.

② 절대 큰 꽃 장식은 謝絶입니다.

③ 격조와 稟議가 함께하는 공간입니다.

④ 채권자가 적절한 채무 履行을 청구함.

⑤ 십만 원에 上堂하는 상품을 받음.

34. 밑줄 친 부분의 한자어를 바르게 쓴 것은? [국가직 7급]

① 요즘 그 사람은 기부 천사라고 불리고 있다. - 寄附

② 신문에 보도된 사실에 대해 당사자는 부정했다. - 不定

③ 카드 요금 결제하는 날을 확인해야 한다. - 決裁

④ 광복절에 무기수를 포함한 천여 명이 사면되었다. - 辭免

35. 한자어의 뜻을 잘못 풀이한 것은? [지방직 7급]

① 媤叔 - 남편의 형제를 가리키는 말.

② 玄孫 - 아들의 손자를 가리키는 말.

③ 舍兄 - 남에게 자기 형을 가리키는 말.

④ 慈親 - 남에게 자기 어머니를 가리키는 말.

36. 한자와 독음이 바르게 연결된 것은? [경기 교행직 9급]

① 蛇足 - 탁족 ② 隘路 - 미로 ③ 齷齪 - 억척

④ 熾熱 - 치열 ⑤ 催促 - 재촉

37. 다음 한자의 음을 바르게 연결한 것은? [대구 교행직 9급]

① 籠城 - 총성 ② 刷新 - 굴신 ③ 奢侈 - 저이

④ 啓發 - 개발 ⑤ 侮辱 - 모욕

38. 다음 단어의 독음이 잘못 적힌 것은? [국회]

① 法則 - 법칙 ② 編輯 - 편집 ③ 覇權 - 파권

④ 牧丹 - 모란 ⑤ 規律 - 규율

39. 한자의 독음이 바른 것은? [총무처]

① 汨沒 - 골몰 ② 簞食 - 단식

③ 度支 - 도지 ④ 叱責 - 힐책

40. 다음 중 한자의 독음이 바르게 된 것은? [인천시]

① 알견 - 謁見 ② 유설 - 遊說 ③ 질고 - 桎梏

④ 간고 - 看做 ⑤ 뇌쇄 - 惱殺

41. 다음 중 '省' 자의 독음이 나머지 셋과 다른 것은? [경기도]

① 反省 ② 省察 ③ 省墓 ④ 省略

42. '雪辱'의 '雪'의 뜻과 같은 것은? [총무처]

① 雪原 ② 降雪 ③ 雪景 ④ 雪恥

43. 다음 단어의 한자 표기로 옳지 않은 것은? [국가직 7급]

① 표지 - 標識 ② 겸허 - 謙虛 ③ 반추 - 反芻 ④ 권태 - 捲怠

44. 밑줄 친 한자의 독음이 옳지 않은 것은? [국가직 7급]

① 재해로 인하여 국가 경제가 破綻에 이르렀다. - 파탄

② 급박한 위기 상황을 맞고 보니 그런 些事에 신경을 쓸 겨를이 없다. - 사사

③ 우리 회사는 尨大한 조직의 군살 빼기에 착수했다. - 심대

④ 친구에게 사업 자금을 斡旋하였다. - 알선

45. 한자어의 독음이 옳지 않은 것은? [수탁지방직 7급]

① 龜裂 - 균열 ② 否運 - 부운 ③ 嗚咽 - 오열 ④ 拓本 - 탁본

제 3 부

教養漢字

한문의 이해

제1장

단문 익히기

1. 學問

학 문

옥불탁 불성기 인불학 玉不琢이면 不成器요, 人不學이 부지도 예기 면 不知道니라. 『禮記』	옥은 다듬지 않으면 그릇을 만들 수 없고, 사람은 배우지 않으면 도를 알지 못한다.
위학불가자 수가 역불능 爲學不暇者는 雖暇라도 亦不能 학의 회남자 學矣니라. 『淮南子』	배우는 데 시간이 없다고 말하는 사람은 비록 시간이 있더라도 또한 배울 수가 없다.
학이불사즉망 사이불학즉 學而不思則罔하고 思而不學則 태 논어 殆니라. 『論語』	배우고 생각하지 않으면 어리석어지고, 생각하기만 하고 배우지 않으면 위태로워진다.
학연후 지부족 교연후 學然後에 知不足이요, 敎然後에 지곤 예기 知困이라. 『禮記』	배운 뒤에 부족한 것을 알게 되고, 가르친 뒤에 어려움을 알게 된다.
선학자 가인지장 이보단 善學者는 假人之長하여 以補短 여씨춘추 이라. 『呂氏春秋』	배우기를 잘하는 사람은 다른 사람의 장점을 빌려서 단점을 보완한다.

인 지 불 학 여 등 천 이 무 술 人之不學은 如登天而無術이니라. 순 자 『荀子』	사람이 배우지 않는 것은 하늘에 올라가는 데 방법이 없는 것과 같다.
식 견 불 능 자 장 지 재 독 서 識見은 不能自長이니, 只在讀書 관 리 이 이 우 암 집 觀理而已니라. 『尤庵集』	학식과 견문은 스스로 늘어날 수가 없는 것이니, 다만 책을 읽고 이치를 살피는 데 있을 뿐이다.
학 자 소 환 유 유 입 지 불 성 學者所患은 惟有立志不誠이요, 재 혹 부 족 비 소 환 야 才或不足은 非所患也니라. 학 봉 집 『鶴峯集』	배우는 사람이 근심할 것은 오직 뜻을 세움에 성실하지 못함에 있을 뿐이지, 재능이 혹시 부족할까 하는 것은 근심할 바가 아니다.
유 이 불 학 노 무 소 지 춘 약 幼而不學이면 老無所知요, 春若 불 경 추 무 소 망 不耕이면 秋無所望이라. 명 심 보 감 『明心寶鑑』	어려서 배우지 않으면 늙어서 아는 것이 없고, 봄에 밭을 갈지 않으면 가을에 바랄 것이 없다.
학 문 지 도 무 타 유 불 식 學問之道는 無他라. 有不識이어 집 도 지 인 이 문 지 가 야 든 執途之人而問之가 可也라. 북 학 의 서 『北學議序』	학문하는 방법은 다른 것이 없다. 모르는 것이 있으면 길 가는 사람을 붙잡고서라도 묻는 것이 옳다.
학 문 여 역 수 행 주 부 진 즉 學問은 如逆水行舟하여 不進則 퇴 논 어 退니라. 『論語』	학문은 물을 거슬러 올라가는 배와 같아서 앞으로 나아가지 않으면 곧 퇴보한다.
일 일 지 계 재 어 신 일 년 지 一日之計는 在於晨하고 一年之 계 재 어 춘 일 생 지 계 재 計는 在於春하고 一生之計는 在 어 유 명 심 보 감 於幼니라. 『明心寶鑑』	하루의 계획은 새벽에 있고, 일 년의 계획은 봄에 있고, 일생의 계획은 어릴 때에 있다.
고 지 학 자 위 기 금 지 학 자 古之學者는 爲己러니, 今之學者 위 인 논 어 는 爲人이로다. 『論語』	옛날에 배우는 자들은 자신을 위하여 학문을 하였는데, 지금 배우는 자들은 남을 위하여 학문을 한다.

2. 修身

爲無價之寶요, 愼是護身之符라. 『明心寶鑑』	부지런함은 가치를 따질 수 없는 보배이고, 신중함은 몸을 보호해 주는 부적이다.
過而不改 是爲過矣니라. 『論語』	잘못이 있어도 고치지 않는 것, 이것을 잘못이라고 한다.
耳不聞人之非하고, 目不視人之短하고, 口不言人之過라야 庶幾君子니라. 『明心寶鑑』	귀로는 남의 잘못을 듣지 않고, 눈으로는 남의 단점을 보지 않고, 입으로는 남의 잘못을 말하지 않아야 군자에 가깝다.
修身齊家는 治國之本이요, 讀書勤儉은 起家之本이라. 『四字小學』	자신을 수양하고 집안을 가지런히 하는 것은 나라를 다스리는 근본이고, 책을 읽고 부지런하고 검소함은 집안을 일으키는 근본이다.
見人之善이어든 而尋己之善하고, 見人之惡이어든 而尋己之惡하라. 『明心寶鑑』	다른 사람의 착함을 보거든 나의 착함을 찾고, 다른 사람의 악함을 보거든 나의 악함을 찾아라.
終身行善이라도 善猶不足이요, 一日行惡이라도 惡自有餘니라. 『明心寶鑑』	죽을 때까지 선을 행하더라도 선은 오히려 부족하고, 하루만 악을 행하더라도 악은 저절로 남음이 있다.
道吾善者는 是吾賊이요, 道吾惡者는 是吾師니라. 『明心寶鑑』	나의 좋은 점을 말하는 사람은 나의 도적이요, 나의 나쁜 점을 말하는 사람은 나의 스승이니라.
勿以惡小而爲之하고 勿以善小而不爲하라. 『明心寶鑑』	악이 작다고 하여 이를 하지 말고, 선이 작다고 하여 이를 아니하지 말라.
責人之心으로 責己하고 恕己之心으로 恕人하라. 『明心寶鑑』	다른 사람을 꾸짖는 마음으로 자신을 꾸짖고, 자신을 용서하는 마음으로 다른 사람을 용서하라.

積善之家(적선지가)에 必有餘慶(필유여경)이요, 積不善之家(적불선지가)에 必有餘殃(필유여앙)이니라. 『周易(주역)』	선을 쌓은 집에는 반드시 남은 경사가 있고, 선을 쌓지 않은 집에는 반드시 남은 재앙이 있다.
破山中賊(파산중적)은 易(이)나 破心中賊(파심중적)은 難(난)이니라. 『明心寶鑑(명심보감)』	산속의 도적은 물리치기 쉬우나, 마음속의 도적은 물리치기가 어렵다.
水至淸則無魚(수지청칙무어)하고, 人至察則無徒(인지찰즉무도)니라. 『孔子家語(공자가어)』	물이 너무 맑으면 고기가 없고, 사람이 지극히 살피면 무리가 따르지 않는다.
救寒莫如重裘(구한막여중구)요, 止謗莫如自修(지방막여자수)라. 『三國志(삼국지)』	추위를 막는 데는 두꺼운 갖옷만 한 것이 없고, 비방을 그치게 하는 데는 스스로 수양하는 것만 한 것이 없다.

3. 言語(언어)

道人之短(도인지단)하고 無說己之長(무설기지장)하라. 『文選(문선)』	다른 사람의 단점을 말하지 말고, 자기의 장점을 말하지 말라.
與人善言(여인선언)은 暖於布帛(난어포백)이요, 傷人以言(상인이언)은 深於矛戟(심어모극)이라. 『荀子(순자)』	다른 사람에게 좋은 말을 해 주는 것은 베나 비단보다 따뜻하고, 다른 사람에게 말로 상처를 주는 것은 창으로 찌르는 것보다 심하다.
一言之善(일언지선)은 貴於千金(귀어천금)이라. 『抱朴子(포박자)』	한마디의 훌륭한 말은 천금보다 귀하다.
人之過失(인지과실)은 多由言語(다유언어)니 言必忠信(언필충신)하고 發必以時(발필이시)니라. 『栗谷集(율곡집)』	사람의 잘못은 대부분 말로 말미암는 것이니, 말은 반드시 성실하고 신의가 있어야 하고, 말하는 것은 반드시 때에 맞아야 한다.

<table>
<tr><td>言은 勿異於行하며 行은 勿異於言하라. 言行相符를 謂之正人이요, 言行相悖를 謂之小人이니라.
『芝峰集』</td><td>말은 행동과 다르게 하지 말며, 행동은 말과 다르게 하지 말라. 말과 행동이 서로 맞는 것을 올바른 사람이라고 하고, 말과 행동이 서로 어긋나는 것을 소인이라고 한다.</td></tr>
<tr><td>無多言하라. 多言이면 大敗리라. 無多事하라. 多事면 多患이라.
『顔氏家訓』</td><td>말을 많이 하지 마라. 말이 많으면 일을 크게 그르친다. 일을 많이 벌이지 마라. 일이 많으면 근심이 많아진다.</td></tr>
<tr><td>良藥은 苦於口나 而利於病이요, 忠言은 逆於耳나 而利於行이라.
『史記』</td><td>좋은 약은 입에는 쓰나 병에는 이롭고, 충고하는 말은 귀에는 거슬리나 행동에는 이롭다.</td></tr>
<tr><td>黃金千兩이 未爲貴요, 得人一語가 勝千金이니라. 『明心寶鑑』</td><td>황금 천 냥이 귀한 것이 아니라, 다른 사람의 좋은 말 한마디를 얻는 것이 천금보다 낫느니라.</td></tr>
<tr><td>無用之辯과 不急之察을 棄而勿治하라. 『荀子』</td><td>쓸데없는 말과 급하지 않은 일은 버려두고 하지 말라.</td></tr>
<tr><td>不知而言은 不智요, 知而不言은 不忠이라. 『韓非子』</td><td>모르면서 말하는 것은 지혜롭지 못한 것이고, 알면서도 말하지 않는 것은 성실하지 못한 것이다.</td></tr>
<tr><td>禍는 莫大於從己之欲하고 惡은 莫大於言人之非라. 『韓非子』</td><td>재앙은 자기의 욕심을 따르는 것보다 큰 것이 없고, 악은 남의 그릇됨을 말하는 것보다 큰 것이 없다.</td></tr>
<tr><td>附耳之言勿聽言하며, 或洩之談勿言焉하라. 『燕巖集』</td><td>귓속말은 듣지 말고, 혹 새어 나갈 이야기는 말하지 말라.</td></tr>
</table>

제2장

고사성어 익히기

1. 教學相長

교학상장

원문

수유가효 불식 부지기지야
雖有佳肴라도 弗食이면 不知其旨也며,

수유지도 불학 부지기선야
雖有至道라도 弗學이면 不知其善也라.

시고 학연후 지부족 교연후 지곤
是故로 學然後에 知不足하고 教然後에 知困하며

지부족연후 능자반야
知不足然後에 能自反也요,

지곤연후 능자강야
知困然後에 能自强也니라.

고 왈 교학상장야
故로 曰, 教學相長也니라. 『예기』

해석

비록 좋은 안주가 있다고 하더라도 먹지 않으면 그 맛을 알지 못하며,

비록 지극한 도리가 있다고 하더라도 배우지 않으면 그 훌륭함을 알지 못한다.

이런 까닭에 배운 뒤에 자신의 부족함을 알고,

가르친 뒤에 자신의 곤란함을 알며,

부족함을 안 뒤에 능히 스스로를 돌이켜 볼 수가 있고,

해석

곤란함을 안 뒤에 능히 스스로 힘써 노력할 수가 있는 것이다.

그러므로 '가르치는 것과 배우는 것은 서로를 자라게 한다'고 하는 것이다.

자구풀이

- 雖: 비록. 아무리 ~하여도.
- 佳肴: 좋은 안주. '佳'는 '아름답다, 좋다'. '肴'는 '술안주'.
- 其: '그, 그것'이라는 지시대명사. 여기서는 '佳肴'를 가리킴.
- 至道: 지극한 도리. '至'는 '지극하다, 이르다'.
- 是故: 이런 까닭에. 그러므로.
- 然後: 그런 뒤에.
- 困: 난처하다. 곤란하다. 피곤하다. 고생하다.
- 自反: 스스로를 돌이켜 보아 자신을 반성하다.
- 强: 힘쓰다. 강하다. 억지로.
- 長: 자라다. 증진시키다. 길다. 어른. 우두머리.

---

2. 守株待兎 (수주대토)

원문

宋人(송인)에 有耕田者(유경전자)러니 田中有株(전중유주)하여

兎走觸株(토주촉주)하여 折頸而死(절경이사)라.

因釋其耒而守株(인석기뢰이수주)하여 冀復得兎(기부득토)나

兎不可復得(토불가부득)이요, 而身爲宋國笑(이신위송국소)러라. 『한비자』

해석

송나라 사람 중에 밭을 가는 사람이 있었다.

밭 가운데 그루터기가 있었는데,

토끼가 달리다가 그루터기에 부딪혀 목이 부러져 죽었다.

이 일로 말미암아 농부는 그 밭 갈던 쟁기를 놓고

그루터기를 지키면서 다시 그런 토끼가 나타나기를 바랐다.

그러나 토끼는 다시 얻을 수 없었고,

농부는 송나라 사람의 웃음거리가 되었다.

자구풀이

- 耕: 논밭을 갈다. 평평하게 하다.
- 株: 그루터기. 주식.
- 觸: 닿다. 부딪치다.
- 頸: 목.
- 釋: 풀다. 내버리다.
- 冀: 바라다. 원하건대.
- 身爲宋國笑: 자신은 송나라 사람에게 웃음거리가 되다. '爲 A 所 B'(A에게 B를 당하다)에서 '所'가 생략된 피동 구문.
- 有~者: ~하는 사람이 있다.
- 兎: 토끼.
- 折: 꺾다. 자르다. 부러지다.
- 因: ~로 인해서. ~로 말미암아.
- 耒: 쟁기.

3. 助長(조장)

원문

宋人(송인)에 有閔其苗之不長而揠之者(유민기묘지부장이알지자)러니

芒芒然歸(망망연귀)하여 謂其人曰(위기인왈), 今日病矣(금일병의)라.

予助苗長矣(여조묘장의)라 하거늘

其子趨而往視之(기자추이왕시지)하니 苗則槁矣(묘즉고의)러라. 『맹자』

해석

송나라 사람 중에 그 싹이 자라지 않는 것을 근심하여,
그것을 잡아 뽑은 사람이 있었다.
그리고 지친 듯이 집으로 돌아와 그 집안 사람들에게 일러 말하기를,
"오늘은 피곤하구나. 내가 싹이 자라는 것을 도와주었다."라고 하니,
그 아들이 빠르게 달려가 그것을 보니, 싹은 말라 있었다.

자구풀이

- 閔: 마음 아파하다. 근심하다.
- 苗: 모. 곡식. 싹.
- 長: 자라다.
- 揠: 뽑다. 박힌 것을 뽑아 올리다.
- 芒芒然: 피로하고 지친 모양. '然'은 동사나 형용사에 붙어서 부사를 만듦.
- 病: 아프다. 피로하다.
- 予: 나. 주다.
- 趨: 달리다. 빨리 가다.
- 視之: '之'는 '싹'을 가리키는 지시대명사.
- 槁: 마르다. 말라 죽다. 물기를 없애다.

호 가 호 위

4. 狐假虎威

원문

호 구 백 수 이 식 지 득 호
虎求百獸而食之라가 得狐하다.

호 왈 자 무 감 식 아 야 천 제 사 아 장 백 수
狐曰, 子無敢食我也라. 天帝使我長百獸하니

금 자 식 아 시 역 천 제 명 야
今子食我면 是는 逆天帝命也라.

자 이 아 위 불 신 오 위 자 선 행
子以我爲不信이면 吾爲子先行하리니

자 수 아 후 관 백 수 지 견 아 이 감 불 주 호
子隨我後하여 觀百獸之見我하고 而敢不走乎아.

호 이 위 연
虎以爲然하다.

고 수 여 지 행 수 견 지 개 주
故로 遂與之行한대 獸見之皆走하다.

호 부 지 수 외 기 이 주 야 이 위 외 호 야
虎不知獸畏己而走也하고 以爲畏狐也라 하다. 『전국책』

해석

호랑이가 온갖 짐승들을 잡아먹다가 하루는 여우를 잡게 되었다.
그러자 여우가 말하기를,
"그대는 감히 나를 잡아먹지 말라. 천제께서 나를 백수의 왕으로 삼았으니,
지금 그대가 나를 잡아먹으면 이는 천제의 명을 거스르는 것이다.
그대가 나를 믿지 못하겠다면, 내가 그대의 앞에 갈 테니
그대는 나를 따라오면서 온갖 짐승들이 나를 보고 달아나지 않는가를 보아라."
라고 하였다.
호랑이는 그렇게 하기로 하였다.
드디어 여우의 뒤를 따라가는데, 짐승들이 그들을 보자 모두 달아났다.
호랑이는 짐승들이 자기를 두려워하여 달아나는 것을 알지 못하고,
여우를 두려워해서 달아나는 것이라고 여겼다.

자구풀이

- 百獸: 온갖 짐승. '百'은 '모든'의 뜻.
- 子: 2인칭 대명사. 그대. 당신.
- 敢: 부사. 감히.
- 使: ~로 하여금 ~시키다.
- 長: 으뜸으로 삼다(여기다). 우두머리가 되다.
- 隨: 따르다. 쫓다.
- 走: 도망가다. 달아나다.
- 遂: 드디어. 마침내.
- 畏: 두려워하다.

5. 孟母斷機

원문

自孟子之少也에 旣學而歸라.

孟母가 方績이라가 問曰, 學이 何所至矣오.

孟子曰, 自若也니이다.

孟母가 以刀로 斷其織이라.

孟子가 懼而問其故한대

孟母曰, 子之廢學이 若吾斷斯織이라.

孟母가 懼하여 旦夕으로 勤學不息하고 師事子思하여 遂成天下之名儒라.

君子가 謂하되 孟子는 知爲人母之道矣라 하니라. 『열녀전』

해석

맹자가 어렸을 적에 공부하다가 이윽고 돌아왔다.

맹자 어머니가 베를 짜다가 묻기를, "학문이 어느 정도에 이르렀느냐?" 하니,

맹자가 말하기를, "그저 그렇습니다." 하자,

맹자의 어머니가 칼로 짜던 베를 끊어 버렸다.

맹자가 두려워하며 그 까닭을 물으니,

맹자 어머니가 말하기를, "네가 학문을 그만둔 것은 내가 이 짜던 베를 끊는 것과 같다."라고 하였다.

맹자가 송구히 여겨서 아침저녁으로 부지런히 배워 쉬지 아니하고,

자사를 스승으로 섬겨서 마침내 천하의 유명한 유학자가 되었다.

군자가 이르기를, "맹자의 어머니는 사람의 어머니 되는 도리를 안다."라고 하였다.

자구풀이

- 旣: 이윽고. 이미.
- 自若: 그저 그렇다. 보통이다.
- 織: 베를 짜다. 조직하다.
- 子: 2인칭 대명사. 너.
- 旦夕: 아침과 저녁.
- 遂: 마침내. 드디어.
- 績: 길쌈을 하다. 짜다.
- 斷: 끊다. 자르다.
- 懼: 두려워하다. 위태롭게 여기다.
- 廢: 폐하다. 그만두다.
- 師事: 스승으로 섬겨서 가르침을 받는 것.
- 道: 도리.

제3장

인성 문장 익히기

1. 남의 단점을 말하지 말라

不言長短

원문

昔者에 黃相國喜가 微時에 行役이라가 憩于路上하여 見田夫駕二牛耕者하고

問曰, "二牛何者爲勝고." 하니 田夫不對하고 輟耕而至하여 附耳細語曰, "此牛勝이라." 하다.

公이 怪之曰, "何以附耳相語오." 하니 田夫왈, "雖畜物이라도 其心은 如人同也라.

此勝則彼劣이니 使牛聞之면 寧無不平之心乎아." 한대

公이 大悟하여 遂不復言人之長短이러라. 『지봉유설』

해석	옛날에 황희 정승이 미천하던 시절에 여행을 하던 중, 길가에서 쉬다가, 농부가 두 소에 멍에를 하고 밭갈이하는 것을 보고 묻기를, "두 마리 소 중에서 어느 것이 낫습니까?" 하니, 농부가 대답은 하지 않고 밭갈이를 멈추고 와서 귀에 대고 나직한 어조로 말하기를, "이쪽 소가 낫습니다." 하니 공이 그것을 이상히 여겨 말하기를, "무엇 때문에 귀에 대고 말하십니까?"라고 하니, 농부가 말하기를, "비록 기르는 짐승일지라도 그 마음은 사람과 같습니다. 이쪽이 나으면 저쪽이 못한 것이니, 만일 소가 이 말을 듣게 된다면 어찌 불평하는 마음이 없겠습니까?" 하였다. 공이 크게 깨달아, 마침내 다시는 남의 장단점을 말하지 않았다고 한다.
자구풀이	• 昔者: 옛날에. • 相國: 정승의 벼슬. • 微時: 벼슬하지 않은 미천한 시절. • 行役: 길을 가다. • 憩: 쉬다. • 勝: (실력이나 능력이) 뛰어나다. • 輟: 하던 일을 멈추다. 그치다. • 附: 붙다. • 細語: 나직하게 말하다. • 何以: 무엇 때문에. • 雖: 비록 ~라 하더라도. • 畜物: 기르는 동물. • 使: 만일. • 寧~乎: 어찌 ~하겠는가. 반어법. • 復: 다시. 회복하다. • 長短: 장점과 단점.

2. 욕됨을 참을 줄도 알라

인 욕 이 대

忍辱而待

원문

윤 회 소 시 유 향 리 지 행 모 투 역 려 주 인 불 허 지 숙

尹淮가 小時에 有鄕里之行하여 暮投逆旅하니 主人이 不許止宿하

좌 어 정 변

여 坐於庭邊이라.

주 인 아 지 대 진 주 출 래 낙 어 정 중 방 유 백 아 즉 탄 지

主人兒가 持大眞珠出來라가 落於庭中이어늘 旁有白鵝하여 卽呑之라.

아 이 주 인 색 주 부 득 의 공 절 취 박 지 조 장 고 관

俄而主人이 索珠不得하고 疑公竊取하여 縛之하여 朝將告官이라.

공 불 여 변 지 운 피 아 역 계 오 방

公不與辯하고 只云, 彼鵝亦繫吾旁하라.

장 조 주 종 아 후 출 주 인 참 사 왈 작 하 불 언

將朝에 珠從鵝後出하니 主人이 慚謝曰, 昨何不言고 하니,

공 왈 작 일 언 지 즉 주 필 부 아 멱 주 고 인 욕 이 대

公曰, 昨日言之면 則主必剖鵝覓珠라. 故로 忍辱而待라 하더라.

『연려실기술』

해석

윤회가 젊었을 때에 시골을 가다가 날이 저물어 여관에 투숙하려고 하니, 주인이 머물러 묵는 것을 허락하지 않아 뜰 가에 앉아 있었다.

주인집 아이가 커다란 진주를 가지고 나오다가 뜰에 떨어뜨렸는데, 곁에 있던 흰 거위가 곧바로 그것을 삼켜 버렸다.

이윽고 주인이 진주를 찾았으나 얻지 못하고 공이 몰래 가져갔다고 의심하여 그를 묶고 아침이 되면 장차 관가에 고발하려고 하였다.

공은 변명은 하지 않고 다만 이르기를, "저 거위도 역시 내 곁에 묶어 주시오."라고 하였다.

아침이 되니 진주가 거위의 항문으로부터 나오니 주인이 부끄러워 사죄하며 말하기를, "어제는 왜 말하지 않았습니까?" 하였다.

공이 말하기를, "어제 그것(거위가 진주를 삼킨 사실)을 말했다면 당신은 반드시 거위의 배를 갈라 진주를 찾았을 것이오. 그러므로 욕됨을 참고 기다린 것이오." 하였다.

자구풀이	
• 暮: 날이 저물다. 저물 무렵.	• 投: 투숙하다. 묵다.
• 逆旅: 여관.	• 止宿: 머물러서 묵다.
• 邊: 가장자리. 근처. 부근.	• 持: 손에 잡다. 지니다.
• 鵝: 거위.	• 呑: 삼키다.
• 縛: 묶다. 감다. 속박하다.	• 慚: 부끄러워하다. 부끄럽게 여기다.
• 剖: 쪼개다. 가르다.	• 覓: 찾다. 구하다.

3. 향기 나는 사람이 되라

여 선 인 거

與善人居

원문

여 선 인 거 여 입 지 란 지 실
與善人居하면 如入芝蘭之室하여
구 이 불 문 기 향 즉 여 지 화 의
久而不聞其香이나 卽與之化矣니라.
여 불 선 인 거 여 입 포 어 지 사
與不善人居하면 如入鮑魚之肆하여
구 이 불 문 기 취 역 여 지 화 의
久而不聞其臭나 亦與之化矣니라.
시 이 군 자 신 기 소 여 처
是以로 君子는 愼其所與處니라. 『공자가어』

해석

착한 사람과 함께 있으면 마치 지초와 난초가 있는 방에 들어가서
오래 있으면 그 좋은 향기를 맡지 못하지만, 그에 동화되는 것과 같다.
착하지 않은 사람과 함께 있으면 마치 절인 어물을 파는 가게에 들어가서
오래 있으면 그 더러운 냄새를 맡지 못하지만, 또한 그것에 동화되는 것과 같다.
이런 까닭에 군자는 그 함께할 사람을 삼가야 하는 것이다.

자구풀이	
• 與: ~와 함께하다. 더불다.	• 如: 마치 ~와 같다.
• 芝蘭: 향기로운 풀인 지초와 난초.	• 室: 집. 방. 건물.
• 久: 오래다. 변하지 아니하다.	• 聞: 냄새를 맡다.
• 化: 동화되다.	• 鮑: 소금에 절인 물고기.
• 肆: 가게. 방자하다. 마음대로 말하다.	• 臭: (더러운) 냄새. 나쁜 소문.
• 是以: 이런 까닭으로.	• 愼: 삼가다.

제4장

명문장 익히기

위 기 지 학

1. 爲己之學

원문

군 자 지 학　　위 기 이 이
君子之學은 爲己而已니라.
소 위 위 기 자　　즉 장 경 부 소 위 무 소 위 이 연 야
所謂爲己者는 則張敬夫所謂無所爲而然也니
여 심 산 무 림 지 중　　유 일 난 초　　종 일 훈 향
如深山茂林之中에 有一蘭艸하여 終日薰香이로되
이 부 자 지 기 위 향　　정 합 어 군 자 위 기 지 의
而不自知其爲香이 正合於君子爲己之義니라.　『퇴계선생언행록』

해석

군자가 하는 학문은 자기를 위할 따름이다.

이른바 '자기를 위함'이라는 것은 장경부가 '인위적으로 하는 바가 없는데도 저절로 그러함'이다.

가령 깊은 산과 무성한 숲의 가운데 하나의 난초가 있어 하루종일 향기를 내뿜되, 그 난초는 스스로 그것이 향기가 됨을 알지 못하는 것과 같은 것이 바로 군자의 '자기를 위함'의 뜻에 맞아떨어지는 것이다.

자구풀이

- 爲己: 자기를 위하다. '爲'는 '위하다, 행하다, 생각하다'의 뜻. '己'는 '자기 자신'의 뜻.
- 爲己之學: 孔子(공자)의 공부론으로, 자아를 정립하고 완성하기 위한 참된 학문을 말한다. 입신양명과 부귀영화를 위해서 하는 爲人之學(위인지학)과 상대적 개념.
- 而已: 限定(한정)의 뜻을 나타내는 종결사. ~일 따름이다.
- 所謂: 이른바.
- 張敬夫: 중국의 성리학자인 張栻(장식). 옥천 장씨의 始祖(시조)로, 朱子(주자)의 친구.
- 無所爲而然: 인위적으로 하지 않았는데도 저절로 그렇게 됨.
- 艸: '草'의 古字(고자).
- 薰: 향초. 태우다. 향내가 나다.
- 正: '바로, 정히'의 뜻을 가진 부사.

2. 附耳之言(부이지언)

원문

附耳之言을 勿聽焉하며 戒洩之談을 勿言焉하라.
猶恐人知하며 奈何言之며 奈何聽之오.
旣言而復戒는 是는 疑人也라.
疑人而言之는 是는 不智也라. 『연암집』

(독음: 부이지언 물청언 계설지담 물언언 / 유공인지 내하언지 내하청지 / 기언이부계 시 의인야 / 의인이언지 시 부지야)

해석

귀에 대고 속삭이는 말은 그것을 듣지 말며,
남에게 알리지 말라고 당부하는 말은 그것을 말하지 말라.
오히려 다른 사람이 알까를 두려워하면서
어찌하여 그것을 말하며, 어찌하여 그것을 듣는가?
이미 말하고 다시 (말하지 말라고) 경계하는 것은
이것은 다른 사람을 의심하는 것이다.
다른 사람을 의심하면서도 그것을 말하는 것은
이것은 지혜롭지 못한 것이다.

자구풀이

- 附: 붙이다. 가까이 대다. 붙다.
- 勿: 금지사. ~하지 말라.
- 聽: 자세히 듣다. 기다리다.
- 戒: 경계하다.
- 洩: 새다. '泄'과 같은 뜻.
- 猶: 오히려. 마치 ~와 같다. 같다.
- 恐: 두려워하다. 아마. 의심컨대.
- 奈何: 어찌하여.
- 奈何言之: 어찌하여 그것을 말하는가. '之'는 '附耳之言'을 가리키는 지시대명사.
- 旣: 이미.
- 疑: 의심하다.
- 智: 지혜롭다. 지혜. 슬기롭다.

자 포 자 기

3. 自暴自棄

원문

맹 자 왈 자 포 자 불 가 여 유 언 야
孟子가 曰, 自暴者는 不可與有言也요,

자 기 자 불 가 여 유 위 야
自棄者는 不可與有爲也니,

언 비 예 의 위 지 자 포 야
言非禮義를 謂之自暴也요,

오 신 불 능 거 인 유 의 위 지 자 기 야
吾身不能居仁由義를 謂之自棄也니라.

인 인 지 안 택 야 의 인 지 정 로 야
仁은 人之安宅也요, 義는 人之正路也라.

광 안 택 이 불 거 사 정 로 이 불 유 애 재
曠安宅而弗居하며 舍正路而不由하니 哀哉라. 『맹자』

해석

맹자께서 말씀하시기를,

"자기가 자신을 해치는 자와는 더불어 이야기를 나눌 수 없으며,

자기가 자신을 버리는 자와는 더불어 큰 일을 할 수가 없다.

말을 함에 예의를 그르다고 하는 것을 그것을 '자포'라고 하며,

내 몸이 능히 인에 살며 의를 좇아 행할 수가 없는 것을 그것을 '자기'라고 한다.

인은 사람의 편안한 집이요, 의는 사람의 바른 길이다.

편안한 집을 비워 두고서 살지 않으며,

바른 길을 버려 두고서 가지 않으니, 슬프구나."라고 하셨다.

자구풀이

- 暴: 해치다. 사납다. 음이 '폭'일 때는 '나타내다, 드러내다'의 뜻.
- 與: 더불다. 함께하다.
- 棄: 버리다. 그만두다. 멀리하다.
- 不可: 가히 ~할 수 없다.
- 吾: 나. 자신. 당신.
- 由: 말미암다. 따르다. 까닭. 이유.
- 有爲: 목적이 있는 큰일을 하다.
- 謂之: 그것을 일러서 ~라고 하다. '之'는 지시대명사.
- 曠: 비다. 공허하다.
- 舍: 버리다. '捨'와 같은 의미.

4. 伯兪之孝

백유지효

원문

伯兪有過어늘 其母笞之한대 泣이어늘
其母曰, 他日笞에 子未嘗泣이러니 今泣은 何也오.
對曰, 兪得罪에 笞常痛이러니 今母之力이 不能使痛이라.
是以로 泣하나이다. 『소학』

해석

백유가 잘못이 있어 그 어머니가 백유를 회초리로 때리니, 백유가 울었다.
그 어머니가 말하기를, "다른 날에는 매를 때려도 네가 울지 않더니, 지금 우는 것은 어찌된 일이냐?"라고 하니,
대답하여 말하기를, "제가 예전에 죄를 지었을 때에 매가 항상 아팠는데,
지금은 어머니의 힘이 저를 아프게 하지 못했습니다.
이런 까닭으로 우는 것입니다."라고 하였다.

자구풀이

- 伯兪: 한나라 때 韓兪(한유)로, 효성이 뛰어남.
- 過: 허물. 잘못.
- 笞: 볼기를 치다. 매질을 하다. 태형.
- 嘗: 일찍이. 맛보다.
- 泣: 울다. 눈물.
- 子: 2인칭 대명사로, '너'라는 의미.
- 嘗: 일찍이. 맛보다.
- 未嘗: 일찍이 ~한 적이 없다.
- 對: 대답하다.
- 兪: 자신보다 윗사람에게 자신을 낮추어 공경하는 뜻. '저, 제가'의 의미.
- 痛: 아프다.
- 使: ~로 하여금 ~하게 하다. 사역동사.
- 是以: 이 때문에.

5. 貧而無屈
(빈이무굴)

원문

曾子가 弊衣而耕이러니 魯君이 聞之하고 而致邑焉하다.
曾子가 固辭不受한대 或曰, 何固辭也오.
曾子가 曰, 吾聞하니 受人施者는 常畏人하고,
與人者는 常驕人이라 하니 縱君이 不我驕也나 吾豈能勿畏乎아.
吾는 與其富而畏人으로 不若貧而無屈이라. 『공자가어』

해석

증자가 해어진 옷을 입고 밭을 갈고 있었는데, 노나라 임금이 그 사실을 듣고, 그에게 영읍(領邑)을 주었다.
증자가 굳이 사양하며 받지 않으니, 어떤 사람이 말하기를,
"어찌 굳이 사양하는가?"라고 하였다.
증자가 말하기를,
"내가 들으니 '남이 베푼 것을 받은 사람은 항상 남을 두려워하고,
남에게 준 사람은 항상 남에게 교만하다'고 하니,
비록 임금께서 나에게 교만하게 하지 않는다 할지라도
내가 어찌 두려워하지 않을 수 있겠는가?
나는 부유하여 남을 두려워하느니 차라리 가난하지만 굴하지 않겠다."라고 하였다.

자구풀이

- 曾子: 공자의 제자.
- 弊: 해지다. 떨어지다. 낡다.
- 耕: 논밭을 갈다. 평평하게 하다.
- 聞之: 그것(증자가 해어진 옷을 입고 밭을 갈고 있다는 사실)을 듣다. '之'는 지시대명사.
- 致邑: 영지로 읍을 주다.
- 固: 굳이. 한사코.
- 辭: 사양하다.
- 何~也: 어찌 ~하느냐.
- 驕人: 남에게 교만하다.
- 縱: 비록 ~일지라도.
- 豈~乎: 어찌 ~하겠는가.
- 屈: 지조를 굽히다.

기출문제

1. ㉠~㉣에 들어갈 한자숙어나 고사성어가 바르게 연결된 것은? [행정안전부 9급]

- (㉠)이라고, 내가 가지지 못한 것을 보니 욕심이 생긴다.
- 그 교수님의 강의 내용은 작년 것과 (㉡)하다.
- 부정부패를 (㉢)해야 나라의 기강이 바로 서는 법이다.
- 공무원은 (㉣)의 자세로 업무를 처리해야 한다.

	㉠	㉡	㉢	㉣
①	見勿生心	大同少異	發本塞源	不偏不黨
②	見勿生心	大同小異	拔本塞源	不便不黨
③	見物生心	大同小異	拔本塞源	不偏不黨
④	見物生心	大同少異	拔本塞源	不便不黨

2. 밑줄 친 부분에 들어갈 한자성어로 가장 적절한 것은? [지방직 9급]

자존심을 내세우지 않고 ________하는 것을 주저하지 않는다면 의외로 여러 묘안을 얻을 수 있다.

① 下石上臺 ② 後生可畏

③ 不恥下問 ④ 厚顔無恥

3. 공직자가 갖추어야 할 자세로 알맞은 한자성어는? [경기도 9급]

① 호가호위(狐假虎威) ② 허장성세(虛張聲勢)

③ 파사현정(破邪顯正) ④ 교언영색(巧言令色)

4. 다음 글의 ( ) 안에 들어갈 수 있는 말로 가장 적절한 것은? [법원직]

세상에는 너무나 힘든 일이 많다. 도저히 되지 않을 것 같은 일들이 우리 주위에 쌓여 있다. 그렇지만 그것을 하지 않으면 안 되는 것은 우리가 인간이라는 존재이기 때문이다. 인간이 어디 신처럼 전지전능한 존재인가. 그러므로 불가능한 일이라도 열심히 노력하는 것이 인간다운 것이다. 말하자면 ( )의 심정으로 노력하는 데 인간적 매력이 있다는 것이다. 만약 이런 노력이나마 포기하고 만다면 그것은 절망이요, 낙망이요, 좌절이고, 진정 인간이기를 포기하는 것이다.

① 주경야독(晝耕夜讀) ② 후생가외(後生可畏)

③ 우공이산(愚公移山) ④ 와신상담(臥薪嘗膽)

5. 다음 글에 적합한 고사성어는? [행정안전부 9급]

우리 대표팀은 올림픽 예선에서 놀랄 만한 성과를 거두었다. 예선전이 있기 전 주전 선수들이 부상이 있었고 감독의 교체가 있었으며, 그러다 보니 대표팀 내부의 심리적인 갈등도 꽤 있었다. 사실 국민 모두 이번 올림픽 예선은 탈락이라는 수모를 겪지 않으면 그나마 다행이라고 생각하고 있었던 것이다. 그러나 대표팀의 모든 코치진과 선수들은 그들에 대한 국민들의 희망을 저버리지 않고 위기를 기회로 전환한 것이다. 그래서인지 대표팀은 들뜨지 않고 본선에서의 진정한 승리, 즉 금메달을 향해 더욱 가열차게 땀방울을 흘리고 있다고 한다. 코치진도 더 강도 높은 훈련을 통해 경기력 향상을 위해 매진하고 있는 것이다.

① 走馬加鞭 ② 走馬看山

③ 切齒腐心 ④ 見蚊拔劍

6. 다음은 신문의 건강 칼럼 일부이다. (　　)에 들어갈 적절한 말은? [행정안전부 9급]

필수 지방산인 리놀렌산과 알파 리놀렌산은 인체에서 합성되지 않으므로 꼭 섭취해줘야 한다. 이것이 모자라면 아토피 피부염이나 성장장애 등의 부작용이 온다. 또 알파 리놀렌산(오메가3 지방산)이 부족하면 두뇌와 망막에 필요한 DHA가 부족해 학습능력과 시각기능이 떨어지게 된다. 'DHA가 머리에 좋다.'는 말은 여기에 근거한다.

그러나 (　　　)(이)란 말처럼 전체 지방량이 신체의 25%를 넘으면 문제가 된다. 인체의 혈액이나 조직에 지방 함량이 높아지면 고혈압, 당뇨, 비만, 심장병, 뇌졸중 등 성인병이 생기며, 덩달아 유방암, 대장암, 전립선암의 발병률도 증가하게 된다.

① 다다익선(多多益善)　② 과유불급(過猶不及)
③ 전화위복(轉禍爲福)　④ 새옹지마(塞翁之馬)

7. 다음 한자성어의 사용이 적절하지 않은 것은? [행정안전부 7급]

① 오늘은 우리나라 대표팀이 브라질 대표팀과 乾坤一擲의 승부를 펼치는 날이다.
② 그가 지금 잘살 수 있는 것은 가난하였어도 見蚊拔劍하였기 때문이다.
③ 우리는 그 나라가 부정부패를 척결하지 않아서 쇠락한 것을 反面教師로 삼아야 한다.
④ 지난날 일부 정치인들은 민생을 돌보지 않고 尸位素餐하는 경우가 많았다.

8. 한자성어의 사용이 옳지 않은 것은? [지방직 9급]

① 不撓不屈의 의지로 목표 달성을 위해 전진할 것이다.
② 그 여자는 성품이 매우 착해서 丹脣皓齒라 할 만하다.
③ 김 대리와 이 대리의 경쟁이 蚌鷸之爭이 되어 박 대리가 승진했다.
④ 학문의 길은 쉽지 않아 선인들은 多岐亡羊이라며 탄식했다.

9. 다음 글의 내용과 관련된 한자성어는? [행정안전부 7급]

> 사람은 환경의 지배를 받는다. 먹을 가까이하는 사람은 몸 어디엔가 먹물을 묻히게 되고, 농사를 짓는 농부의 몸에서는 흙냄새가 나기 마련이다. 해서 운수(雲水) 행각(行脚)을 즐기는 승려들은 깊은 산골, 물 맑고 경치 좋은 곳을 찾아가 마음을 가다듬고자 한다.

① 十匙一飯 ② 近墨者黑

③ 曲學阿世 ④ 南柯一夢

10. 한자성어가 잘못 쓰인 것은? [세무직 9급]

① 好事多魔라고, 옆집 아저씨가 승진을 했는데 그 아들이 다리를 다쳤어.

② 자기가 나서서 자랑하지 않아도 실력은 저절로 드러나게 되어 있어. 이런 것을 囊中之錐라고 하지.

③ 昏定晨省이라고, 무릇 혼사는 깨끗하고 신성한 마음으로 치러야 하는 거야.

④ 자기의 지혜를 자랑하지 않고 남들과 조화롭게 지내는 것이 바로 和光同塵이지.

11. 한자성어의 사용이 적절하지 않은 것은? [행정안전부 7급]

① 사건 당일의 행적을 묻는 경찰관에게 용의자가 한 대답은 痴人說夢에 가까웠다.

② 그 사람은 학식이 뛰어난 데다 不恥下問하는 자세를 가지고 있으니 학자로서 크게 성공할 것이다.

③ 정후는 문제의 핵심을 꿰뚫어보는 능력이 뛰어나 千載一遇라는 칭찬이 아깝지 않다.

④ 우리는 며칠 전 한 모임에서 처음 만났을 뿐이지만 마음이 잘 맞아서 傾蓋如舊한 사이가 되었다.

12. 다음 글에 나타난 장자의 태도를 가장 잘 표현한 말은? [국회 8급]

장자(莊子)가 혜자(惠子)와 더불어 호수에 있는 다리 위를 거닐고 있었다. 이때 장자가 말했다. "작은 물고기들이 나와 유유히 노닐고 있군. 저것이 바로 물고기의 즐거움이야." 그러자 혜자가 말했다. "자네는 물고기가 아닌데 어떻게 물고기의 즐거움을 아는가?" 이에 장자가 말했다. "자네는 내가 아닌데 어떻게 내가 물고기의 즐거움을 모르는 줄 아는가?"

혜자가 말했다. "나는 자네가 아니라서 본래 자네를 알지 못하네. 자네도 본래 물고기가 아니니 물고기의 즐거움을 알지 못한다는 것이 확실하네." 이에 장자가 말했다. "이야기의 근본으로 돌아가 보세. 자네가 내게 '자네는 어떻게 물고기의 즐거움을 아는가?'라고 물은 것은 이미 내가 그것을 아는 줄을 알고 내게 물은 것이네. 나는 이 호수 위에서 물고기의 즐거움을 알고 있었던 것이네."

① 물아일여(物我一如)

② 이심전심(以心傳心)

③ 역지사지(易地思之)

④ 무위자연(無爲自然)

⑤ 추기급인(推己及人)

13. 다음 중 한자성어 풀이가 잘못된 것은? [행정자치부 7급]

① 姑息之計 - 적을 속이기 위하여 자신의 괴로움을 무릅쓰고 꾸며 낸 계책.

② 金蘭之契 - 친구 사이의 매우 두터운 정.

③ 刮目相對 - 남의 학식이나 재주가 놀랄 만큼 부쩍 늚을 이르는 말.

④ 捲土重來 - 어떤 일에 실패한 뒤에 힘을 가다듬어 다시 일을 착수함.

14. 다음 한자어와 대응하는 우리말의 관용구의 쓰임이 틀린 것은? [중앙인사위 9급]

① 糊口之策 - 내가 회사를 그만두면 당장 입에 풀칠하기도 어려워진다.

② 拔本塞源 - 지금 두 집안 갈등의 뿌리를 캐어 내려가 보면 조선 시대의 당쟁에까지 이른다.

③ 主客顚倒 - 구두 고치는 데 만 원이 들지만, 재고품 한 켤레가 일이만 원이니 배보다 배꼽이 큰 셈이지요.

④ 袖手傍觀 - 이곳 분위기는 지금 우리도 더 이상 가만히 앉아 있어서는 안 된다는 쪽으로 돌아가고 있다.

15. 한자성어와 속담이 알맞게 연결되지 않은 것은? [수탁지방직 7급]

① 감탄고토(甘呑苦吐) - 달면 삼키고 쓰면 뱉는다.

② 부화뇌동(附和雷同) - 망둥이가 뛰면 꼴뚜기도 뛴다.

③ 연목구어(緣木求魚) - 김칫국부터 마신다.

④ 아전인수(我田引水) - 제 논에 물 대기.

16. 다음 중 밑줄 친 부분의 뜻을 나타내는 한자성어는? [중앙인사위 7급]

> 현대인은 너무 약다. 백년대계를 위하여 영리한 것이 아니라 당장 눈앞의 일, 코앞의 일에만 아름아름하는 고식지계(姑息之計)에 현명하다. 염결(廉潔)에 밝은 것이 아니라 극단의 이기주의에 밝다. 이것은 실상은 현명한 것이 아니요, 우매하기 짝이 없는 일이다. 제 꾀에 제가 빠져서 속아 넘어갈 현명이라고나 할까.

① 自我陶醉 ② 自强不息

③ 自繩自縛 ④ 自家撞着

17. 다음 예문의 내용에 맞는 고사성어는?

[서울시 9급]

구름이 해를 비추어 노을이 되고, 물줄기가 바위에 걸려 폭포를 만든다. 의탁하는 바가 다르고 보니 이름 또한 이에 따르게 된다. 이는 벗 사귀는 도리에 있어 유념해 둘 만한 것이다.

① 近墨者黑 ② 斷金之交 ③ 望雲之情
④ 嘗糞之徒 ⑤ 風樹之嘆

18. 다음 시조와 관계가 먼 것은?

[광주시 9급]

반중(盤中) 조홍(早紅)감이 고와도 보이ᄂᆞ다.
유자(柚子)가 안이라도 품엄 즉도 ᄒᆞ다마ᄂᆞᆫ.
품어 가 반기리 업슬ᄉᆡ 글로 설워 하ᄂᆞ이다.

① 早紅柹歌 ② 懷橘故事
③ 風樹之嘆 ④ 孤山遺稿

19. 보기 상황을 비판할 때 사용하기에 가장 옳은 것은?

[중앙인사위 9급]

학문에 진리 탐구 이외의 다른 목적이 섣불리 개재될 때, 그 학문은 자유를 잃고 왜곡(歪曲)될 염려조차 있다. 학문을 악용하기 때문에 오히려 좋지 못한 일을 하는 경우가 얼마나 많은가? 진리 이외의 것을 목적으로 할 때, 그 학문은 한때의 신기루와도 같아 우선은 찬연함을 자랑할 수 있을지 모르나, 과연 학문이라고 할 수 있을까부터가 문제다.

① 곡학아세(曲學阿世) ② 구절양장(九折羊腸)
③ 다기망양(多岐亡羊) ④ 학수고대(鶴首苦待)

20. 다음 한자성어의 공통적 주제는? [법원서기보]

望雲之情, 反哺報恩, 昊天罔極

① 友情 ② 孝道 ③ 學問 ④ 讀書

21. 보기의 주제에 어울리는 성어는? [중등임용]

학문하는 방도에는 별다를 것이 없고 모를 것도 없다. 모르는 것이 있으면 길 가는 사람이라도 붙들고 물어야 한다. 하인이라도 나보다 한 글자라도 더 알고 있으면 그에게 배울 것이다. 내가 남보다 못한 것을 부끄럽게 여기면서도 더 나은 사람에게 묻지 않으면 안 될 것이다.

① 溫故知新 ② 聞一知十 ③ 不恥下問 ④ 不問可知

22. 다음 글의 내용과 관계 깊은 것은? [인천시 9급]

장자가 어느 날 꿈을 꾸었다. 나비가 되어 꽃들 사이를 즐겁게 날아다녔다. 그러다가 문득 깨어 보니, 자기는 분명 장주가 되어 있었다. 이는 대체 장주인 자기가 꿈속에서 나비가 된 것인지, 아니면 나비가 꿈에 장주가 된 것인지를 구분할 수 없었다. 장주와 나비는 분명 별개의 것이건만 그 구별이 애매함은 무엇 때문일까? 이것은 사물이 변화하기 때문이다. 꿈이 현실인지 현실이 꿈인지, 도대체 그 사이에 어떤 구별이 있는 것인가? 장주와 나비 사이에는 피상적인 구별, 차이는 있어도 절대적인 변화는 없다. 장주가 곧 나비이고, 나비가 곧 장주라는 경지, 이것이 바로 여기서 말하고자 하는 세계이다. 물아의 구별이 없는 만물일체의 절대경지에서 보면 장주도 나비도, 꿈도 현실도 구별이 없다. 다만 보이는 것은 만물의 변화에 불과할 뿐인 것이다.

① 백일몽(白日夢) ② 호접몽(胡蝶夢)

③ 일장춘몽(一場春夢) ④ 한단지몽(邯鄲之夢)

⑤ 남가일몽(南柯一夢)

23. '음지가 양지된다'는 속담의 의미와 가장 가까운 한자성어는? [행정자치부 9급]

① 良禽擇木 ② 靑出於藍

③ 塞翁之馬 ④ 賊反荷杖

24. 다음 시의 밑줄 친 부분에 적합한 것은? [행정자치부 9급]

나는 북관(北關)에 혼자 앓아 누워서
어느 아침 의원(醫員)을 뵈이었다.
의원은 여래(如來) 같은 상을 하고 관공(關公)의 수염을
드리워서
먼 옛적 어느 나라 신선 같은데
새끼 손톱 길게 돋은 손을 내어
묵묵하니 한참 맥을 짚더니
문득 물어 고향이 어데냐 한다.
평안도(平安道) 정주(定州)라는 곳이라 한즉
그러면 아무개 씨(氏) 고향이란다.
그러면 아무개 씨(氏)를 아느냐 한즉
의원은 빙긋이 웃음을 띠고
______이라며 수염을 쓴다.
나는 아버지로 섬기는 이라 한즉
의원은 또다시 넌지시 웃고
말없이 팔을 잡아 맥을 보는데
손길은 따스하고 부드러워
고향도 아버지도 아버지의 친구도 다 있었다.

① 首丘初心 ② 莫逆之間

③ 人之常情 ④ 類類相從

25. '식자우환'의 올바른 표기는? [서울시 9급]

① 識自優患 ② 識者優患 ③ 識字優患
④ 識者憂患 ⑤ 識字憂患

26. 묵은 관습이나 방법 등 한 가지 일에만 얽매어 새로운 상황에 적응하지 못하는 어리석은 사람을 가리키는 것은? [중앙선관위 9급]

① 附和雷同 ② 守株待兎
③ 近墨者黑 ④ 他山之石

27. 다음 중 '태평성대'를 나타내는 한자성어가 아닌 것은? [서울시 9급]

① 鼓腹擊壤 ② 康衢煙月 ③ 含哺鼓腹
④ 比屋可封 ⑤ 昏定晨省

28. 다음 한자성어 중 의미상 거리가 먼 것은? [인천시 9급]

① 不立文字 ② 刎頸之友 ③ 以心傳心
④ 敎外別傳 ⑤ 心心相印

29. 다음의 내용과 어울리는 한자성어는? [경남 9급]

천하(天下)의 성군(聖君)으로 꼽히는 요임금이 천하를 통치한 지 50여 년이 지난 어느 날, 자신의 통치에 대한 백성들의 반응을 알아보기 위해 평복으로 거리에 나섰다. 어느 네 거리에 이르자 어린 아이들이 손을 맞잡고 요임금을 찬양하는 노래를 부르고 있었다.

① 금의환향(錦衣還鄕) ② 제행무상(諸行無常)

③ 고복격양(鼓腹擊壤) ④ 수적천석(水滴穿石)

30. 아래의 밑줄 친 표현의 한자와 그것이 의미하는 소설의 속성이 바르게 연결된 것은?

[서울시 9급]

"소설이라 하는 것은 매양 빙공착영으로 인정에 맞도록 편집하여, 풍속을 교정하고 사회를 경성하는 것이 제일 목적인 중, 그와 방불한 사실이 있고 보면 애독하시는 열위 부인 신사의 진진한 재미가 일층 더 생길 것이요, 그 사람이 회개하고 그 사실을 경계하는 좋은 영향도 없지 아니할지라. 고로 본 기자(작가 자신)는 이 소설을 기록하매 스스로 그 재미와 그 영향이 있음을 바라고 또 바라노라."

① 憑空捉暎 - 사실성 ② 憑空捉影 - 흥미성

③ 憑空捉影 - 허구성 ④ 憑空捉暎 - 모방성

⑤ 憑空捉榮 - 효용성

31. 다음 중 한자성어의 뜻이 잘못된 것은? [중등임용]

① 目不識丁 - 매우 무식함.

② 種豆得豆 - 심은 대로 거둠.

③ 走馬看山 - 사물을 자세히 살핌.

④ 我田引水 - 자기에게만 이롭게 함.

32. 밑줄 친 부분에 들어갈 알맞은 한자성어는? [행정자치부 7급]

여보시오. 본관 사또, 늙은 기생의 말이 ________지 무어요. 장수들이 많아서 군령이 서지 않았다는 것은 사실 아니오?

① 易地思之 ② 吳越同舟

③ 言則是也 ④ 朝三暮四

33. 다음 빈칸에 들어갈 알맞은 한자는? [중앙선관위 9급]

온고지신(溫□□新)

① 故, 知 ② 顧, 之 ③ 古, 知 ④ 考, 之

34. 사자성어의 뜻이 같은 것끼리 묶이지 않은 것은? [경기도 9급]

① 井底之蛙 - 坐井觀天 ② 目不識丁 - 魚魯不辨

③ 百尺竿頭 - 累卵之危 ④ 昏定晨省 - 謝恩肅拜

35. 다음 보기에서 유추할 수 있는 한자성어는? [경북 9급]

'홍길동전'은 적서차별의 철폐, 탐관오리 징치, 빈민구제, 이상국 건설 등의 주제에도 불구하고 길동은 율도국의 국왕이 되어 처첩들을 거느리고 행복하게 살게 된다.

① 자가당착(自家撞着) ② 청출어람(靑出於藍)

③ 후안무치(厚顔無恥) ④ 선우후락(先憂後樂)

36. 다음 글의 밑줄 친 부분과 뜻이 통하는 것은? [행정자치부 9급]

當初(당초)에 民族的(민족적) 要求(요구)로서 出(출)치 안이한 兩國倂合(양국병합)의 結果(결과)가, 畢竟(필경) 姑息的(고식적) 威壓(위압)과 差別的(차별적) 不平(불평)과 統計數字上(통계숫자상) 虛飾(허식)의 下(하)에서 利害相反(이해상반)한 兩(양) 民族間(민족간)에 永遠(영원)히 和同(화동)할 수 없는 怨溝(원구)를 去益深造(거익심조)하는 今來實積(금래실적)을 觀(관)하라.

① 彌縫之策
② 自家撞着
③ 客反爲主
④ 附和雷同

37. 다음 ( ) 안에 들어갈 모두를 다 더할 경우 그 합계로 올바른 것은? [충남 9급]

千載( )遇, 三旬( )食, 九死( )生

① 9
② 10
③ 11
④ 12

38. 다음 중 한자성어의 뜻이 잘못 연결된 것은? [중등임용]

① 走馬看山 - 수박 겉핥기.
② 草綠同色 - 빛 좋은 개살구.
③ 苦盡甘來 - 고생 끝에 낙이 옴.
④ 目不識丁 - 낫 놓고 기역 자도 모름.

39. 다음은 정지용의 시 '향수'이다. 이 시와 관련된 한자성어는? [중앙선관위 9급]

넓은 벌 동쪽 끝으로
옛 이야기 지줄대는 실개천이 휘돌아 나가고,
얼룩백이 황소가
해설피 금빛 게으른 울음을 우는 곳,

- 그곳이 참하 꿈엔들 잊힐 리야.

① 首丘初心 ② 今昔之感
③ 結草報恩 ④ 臥薪嘗膽

40. 보기에서 성어의 공통된 의미는? [중등임용]

愚公移山, 磨斧作針, 水滴穿石, 積土成山

① 信義 ② 友情
③ 孝道 ④ 努力

41. 다음 한자성어 중 상황이 이질적인 하나는? [경기도 9급]

① 囊中之錐 ② 刻舟求劍
③ 緣木求魚 ④ 守株待兎

42. 다음 시와 관계 깊은 한자성어는? [중앙인사위 7급]

어미의 부리가
닿는 곳마다
별이 든다.
한 번에 깨지는 별이 있겠는가?

① 內助之功 ② 肝膽相照

③ 多多益善 ④ 啐啄同時

43. 다음 한자성어의 풀이가 잘못된 것은? [국가직 7급]

① 緣木求魚 - 당치 않은 일을 무리하게 하려 함.

② 守株待兎 - 노력을 하지 않고 요행을 바람.

③ 張三李四 - 평범한 사람들.

④ 塞翁之馬 - 변방 노인이 탄 말.

44. 보기의 (   ) 안에 공통으로 들어갈 한자는? [초등임용]

束手(   )策, 四顧(   )親

① 武 ② 務

③ 舞 ④ 無

45. 보기의 한자성어와 관련이 깊은 계절은? [중등임용]

> 燈火可親, 滿山紅葉

① 春 ② 夏

③ 秋 ④ 冬

46. '사물의 전체를 보지 못하고 일부밖에 파악하지 못함'을 비유해서 쓰는 한자성어는?

[행정자치부 7급]

① 無爲而化 ② 不如一見

③ 見物生心 ④ 群盲撫象

47. 다음 중 고사성어의 쓰임이 자연스럽지 못한 것은? [행정자치부 9급]

① 賊反荷杖이라더니, 잘못한 주제에 큰소리를 치니?

② 孤掌難鳴이라고 너 혼자 외쳐 봐야 무슨 소용이 있니?

③ 百年河淸이라고 열심히 노력하면 이루지 못할 게 뭐가 있니?

④ 烏飛梨落이라고 네가 거기 있었으니 의심을 받는 거야.

48. 다음 문장의 한자성어가 바르게 쓰인 것은? [경남 9급]

① 시험에 합격하고 나니 百尺竿頭에 선 기분이었다.

② 기자들이 집 앞에 門前成市를 이루었다.

③ 어렵게 장만한 집인데, 그 집값이 오를까 봐 戰戰兢兢하였다.

④ 그의 솔직한 고백은 그야말로 口蜜腹劍의 태도였다.

49. 공직자가 갖추어야 할 덕목과 거리가 먼 것은? [행정자치부 9급]

① 請託拒否 ② 淸廉潔白

③ 公明正大 ④ 矯角殺牛

50. 다음 글의 밑줄 친 말과 뜻이 가장 잘 통하는 것은? [행정자치부 9급]

> 장대높이뛰기 선수가 되고자 하는 사람은 처음에는 낮은 높이에서부터 시작해야 하며, 기량이 상승함에 따라서 조금씩 더 높은 자리에 도전해야 한다. 처음부터 일류선수의 흉내를 내고자 하거나 한꺼번에 기록을 크게 갱신하려고 욕심을 부리면 일을 그르치기 십상이다. 그리고 순서를 따라서 훈련을 쌓을 경우에도, 어느 높이까지 가면 그 이상의 발전은 기대하기 어려운 한계에 부딪친다. 국민의 의식 수준을 높이는 문제도 근본은 비슷할 것이다.

① 孤掌難鳴 ② 牽强附會

③ 欲速不達 ④ 姑息之計

기출문제 답안

제1부 한자의 이해

1. ② 2. ① 3. ① 4. ③ 5. ③ 6. ④ 7. ③ 8. ① 9. ① 10. ④

제2부 한자어의 이해

1. ① 2. ④ 3. ④ 4. ④ 5. ① 6. ① 7. ② 8. ① 9. ① 10. ①
11. ⑤ 12. ④ 13. ① 14. ③ 15. ③ 16. ② 17. ④ 18. ④ 19. ① 20. ④
21. ④ 22. ② 23. ④ 24. ④ 25. ① 26. ③ 27. ② 28. ④ 29. ② 30. ①
31. ① 32. ② 33. ⑤ 34. ① 35. ② 36. ④ 37. ⑤ 38. ③ 39. ① 40. ⑤
41. ④ 42. ④ 43. ④ 44. ③ 45. ②

제3부 한문의 이해

1. ③ 2. ③ 3. ③ 4. ③ 5. ① 6. ② 7. ② 8. ② 9. ② 10. ③
11. ③ 12. ① 13. ① 14. ② 15. ③ 16. ③ 17. ① 18. ④ 19. ① 20. ②
21. ③ 22. ② 23. ① 24. ② 25. ⑤ 26. ② 27. ⑤ 28. ② 29. ③ 30. ③
31. ③ 32. ③ 33. ① 34. ④ 35. ① 36. ① 37. ③ 38. ② 39. ① 40. ④
41. ① 42. ④ 43. ④ 44. ④ 45. ③ 46. ④ 47. ③ 48. ② 49. ④ 50. ③

부록

敎養漢字

사자성어 쓰기

학과: ____________ 학번: ____________ 이름: ____________

伯						
맏 백						
牙						
어금니 아						
絶						
끊을 절						
絃						
줄 현						

竹						
대나무 죽						
馬						
말 마						
故						
옛 고						
友						
벗 우						

敎						
가르칠 교						
外						
바깥 외						
別						
나눌 별						
傳						
전할 전						

不						
아닐 불						
立						
설 립						
文						
글월 문						
字						
글자 자						

冬						
겨울 동						
溫						
따뜻할 온						
夏						
여름 하						
凊						
서늘할 청						

班						
나눌 반						
衣						
옷 의						
之						
갈 지						
戲						
놀 희						

反						
되돌릴 반						
哺						
먹을 포						
報						
갚을 보						
恩						
은혜 은						

風						
바람 풍						
樹						
나무 수						
之						
갈 지						
嘆						
탄식 탄						

昏						
어둘 혼						
定						
정할 정						
晨						
새벽 신						
省						
살필 성						

出						
날 출						
告						
알릴 곡						
反						
되돌릴 반						
面						
낯 면						

發						
필 발						
憤						
성낼 분						
忘						
잊을 망						
食						
밥 식						

手						
손 수						
不						
아닐 불						
釋						
풀 석						
卷						
책 권						

自						
스스로 자						
强						
굳셀 강						
不						
아닐 불						
息						
숨쉴 식						

切						
끊을 절						
磋						
갈 차						
琢						
쪼을 탁						
磨						
갈 마						

晝						
낮 주						
耕						
밭 갈 경						
夜						
밤 야						
讀						
읽을 독						

螢						
반딧불 형						
窓						
창 창						
雪						
눈 설						
案						
책상 안						

燈						
등불 등						
火						
불 화						
可						
옳을 가						
親						
친할 친						

博						
넓을 박						
而						
말 이을 이						
不						
아닐 불						
精						
자세할 정						

韋						
가죽 위						
編						
책 편						
三						
석 삼						
絶						
끊을 절						

汗						
땀 한						
牛						
소 우						
充						
채울 충						
棟						
마룻대 동						

姑						
시어미 고						
息						
숨쉴 식						
之						
갈 지						
計						
셈할 계						

凍						
얼 동						
足						
발 족						
放						
놓을 방						
尿						
오줌 뇨						

臨						
임할 임						
機						
틀 기						
應						
응할 응						
變						
변할 변						

下						
아래 하						
石						
돌 석						
上						
위 상						
臺						
대 대						

累					
쌓을 루					
卵					
알 란					
之					
갈 지					
勢					
기세 세					

命					
목숨 명					
在					
있을 재					
頃					
기울 경					
刻					
새길 각					

百						
일백 백						
尺						
자 척						
竿						
장대 간						
頭						
머리 두						

四						
넉 사						
面						
낯 면						
楚						
초나라 초						
歌						
노래 가						

風						
바람 풍						
前						
앞 전						
燈						
등잔 등						
火						
불 화						

犬						
개 견						
猿						
원숭이 원						
之						
갈 지						
間						
사이 간						

井						
우물 정						
底						
밑 저						
之						
갈 지						
蛙						
개구리 와						

坐						
앉을 좌						
井						
우물 정						
觀						
볼 관						
天						
하늘 천						

刻					
새길 각					
舟					
배 주					
求					
구할 구					
劍					
칼 검					

守					
지킬 수					
株					
그루 주					
待					
기다릴 대					
兎					
토끼 토					

甲						
갑옷 갑						
男						
사내 남						
乙						
새 을						
女						
계집 녀						

張						
베풀 장						
三						
석 삼						
李						
오얏 리						
四						
넉 사						

康						
편안할 강						
衢						
거리 구						
煙						
연기 연						
月						
달 월						

鼓						
북 고						
腹						
배 복						
擊						
칠 격						
壤						
흙 양						

比						
견줄 비						
屋						
집 옥						
可						
옳을 가						
封						
봉할 봉						

太						
클 태						
平						
평평할 평						
烟						
연기 연						
月						
달 월						

傾						
기울 경						
國						
나라 국						
之						
갈 지						
色						
빛 색						

丹						
붉을 단						
脣						
입술 순						
皓						
흴 호						
齒						
이 치						

花						
꽃 화						
容						
얼굴 용						
月						
달 월						
態						
모양 태						

朝						
아침 조						
令						
하여금 령						
暮						
저물 모						
改						
고칠 개						

緣						
인연 연						
木						
나무 목						
求						
구할 구						
魚						
고기 어						

以						
써 이						
卵						
알 란						
投						
던질 투						
石						
돌 석						